Georg W. Forcht

Liebesklänge

Reihe Sprachwissenschaft

früher Reihe Sprach- und Literaturwissenschaft

Band 38

Liebesklänge

und andere
ausgewählte
Lyrik-Manuskripte
des jungen

Frank Wedekind

Georg W. Forcht

2. überarbeitete Auflage

Centaurus Verlag & Media UG 2007

Georg W. Forcht, geboren 1943 in Neustadt/Weinstraße, studierte Gehörlosenpädagogik, Germanistik und Politikwissenschaften in Heidelberg und Mainz. Er war Leiter der Berufsschule für Hörgeschädigte in Frankenthal. Nach der Promotion 2004 widmet er sich, jetzt im Ruhestand, der bisher unveröffentlichten Literatur Frank Wedekinds und beschäftigt sich mit der Rezension seiner Aufführungen als Schriftsteller, Schauspieler und Bänkelsänger.

2005 veröffentlichte er im Centaurus-Verlag das Buch „Die Medialität des Theaters bei Frank Wedekind. Eine medientheoretische Untersuchung über den Einfluss des Bänkelsängers und Schauspielers Frank Wedekind auf sein Werk" (248 Seiten, ISBN 3-8255-0529-4 / ab 1.1.2007: 978-3-8255-0529-5, € 24,50).

Die Deutsche Bibliothek – CIP-Einheitsaufnahme

Bibliographische Information der Deutschen Bibliothek
Die Deutsche Bibliothek verzeichnet diese Publikation in der Deutschen Nationalbibliographie; detaillierte bibliographische Daten sind im Internet über http://dnb.ddb.de abrufbar.

ISBN 978-3-8255-0659-9 ISBN 978-3-86226-434-6 (eBook)
DOI 10.1007/978-3-86226-434-6

ISSN 0177-2821

Satz: Vorlage des Autors
Umschlaggestaltung: Antje Walter, Titisee.
Umschlagabbildung Titelbild: Der junge Frank Wedekind (1887).
Rückseite: Zeichnung Wedekinds aus dem Gedicht „An Lisa".

Inhalt

Vorwort 1

1. Der Dichter aus Lenzburg 3
   - Auf der Brücke 10
   - Xanthippe 14

2. Die Schule und der Karzer 16
   - An Herrn Professor Hunziker 24
   - Wiedersehen 32
   - Hauptmanns Leiden 34
   - Ein Nachtabenteuer, erlebt von Ritter Heinrich 38

3. Schwärmerische Liebesgedichte 44
   - Die Liebe 52
   - Das Ideal 54
   - Liebesklänge 56
   - An L.B. 58
   - An R.M. 64
   - Eine ästhetische Caffeevisite 69
   - Schluss 104
   - Liebe 108
   - Die Rache 110

4. Ein merkwürdiges Vater-Sohn-Verhältnis und seine Folgen 112
   - Mahnung 118
   - Der Übermensch 124

5. Die Lenzburger Dichterschule 126
   - Ode an den Behälter meiner Manuskripte 134
   - Sonderbar 140
   - Eduard von Hartmann 142

6. Weltschmerzler, Pessimisten und Selbstmörder 144
   - Der Abend 150
   - Mein Epitaphium 152
   - An wen? 156
   - An mich 158
   - An die Weltschmerzler 160
   - Meinem lieben Oskar 162
   - Oda sacrata amico Hildebrand 168
   - Zum neuen Jahr 1881 174

7. Das Frauenbild Wedekinds 178
   - Meiner lieben Mutter 184
   - Der Kuss in seiner Entstehung und Fortentwicklung (Titelblatt) 186

8. Die „erotische Tante“ und andere Gespielinnen 187
Jubilate 196
Erika 210
O heißgeliebte Erika 212
An Bertha 216
Meine wilde Phantasie 222
Erika 226
Verzeihe mir - An mich - 228
Kraterlieder 230
An Laura 238
Ich hab Dich lieb 242
Wolfsgelüste 244
Frau Bertha Jahn in kindlicher Ergebenheit 248
An Lisa 264
Coralie 266
Meine Augen möchten weinen 268
Der Kochkurs 270
Abschiedsklänge an meine liebe Cousine Minna 272
Lodernd Feuer in den Blicken 286
Frau Venus 290
Bei Rückgabe des Bildes von Fanny 292

9. Ein Bänkelsänger unter „Elf Scharfrichtern“ 294
Trost 308
Menschlichkeit 310
Beweise 312
Der Staatssekretär 314
Fräulein Ella Belling 316
Ella Belling, Sonne Mond und Sterne 320
Margaretha 322
Die dramatische Gesellschaft 324

10. Ausblick 326

Archive, Abkürzungen und Bildnachweis 327
Anmerkungen 328
Dank 338

Vorwort

In den letzten Jahren sind zahlreiche Veröffentlichungen über Frank Wedekind erschienen, so dass man in gewissem Sinne von einer Renaissance dieses Dichters, Bänkelsängers und Schauspielers sprechen kann. Um so mehr versetzt es in Erstaunen, dass fast eineinhalb Jahrhunderte nach seiner Geburt immer noch große Teile seiner Jugend-Lyrik unveröffentlicht in Archiven ruhen und vielfach nur Gedichte, die ins Klischee passten oder aus moralischer Sicht zu vertreten waren, der Öffentlichkeit zugänglich gemacht wurden. Hieran hat sich seit der Herausgabe der *Gesammelten Werke* im Jahr 1924 nur wenig geändert.

Die Ursache für diese unvollständige Publikation dürfte in den persönlichen Entscheidungen der Witwe, Tilly Wedekind-Newes, liegen. Nach dem Tod des Schriftstellers wählte sie zusammen mit seinem ehemaligen Freund und Förderer, dem Münchner Professor für Theaterwissenschaft Artur Kutscher, für die *Gesammelten Werke* aus Pietätsgründen nur diejenigen Aufzeichnungen aus, die ihnen geeignet erschienen. Moralisch fragwürdige Skripte, die das Bild des Dichters belasten könnten, wollte man keinesfalls preisgeben. Der Verdacht, Kutscher habe die Herausgabe der *Gesammelten Werke* in diesem Sinne manipuliert, lässt sich heute nicht von der Hand weisen. Da die Ehe des Dichters mit Tilly Wedekind-Newes zum Zeitpunkt seines frühen Todes kurz vor der Auflösung stand, ist es verständlich, dass die junge Witwe und Schauspielerin ein Wedekind-Bild gestalten wollte, das den bereits legendären Ruf des Münchener Schauspielers, Bänkelsängers und Bohémiens aufrecht erhielt. Wohl deshalb wurde der Rest seiner unliebsamen Tagebücher entweder gesperrt, vernichtet oder als Teilnachlass an Freunde gegeben. Erst mit der *Kritischen Studienausgabe* der Wedekind-Forschungsstelle Darmstadt ist ein neuer wissenschaftlicher Ansatz gelungen. Leider liegt die Ausgabe erst in vier Bänden mit den Schwerpunkten Dramen, Dramenfragmente, Kabarettbearbeitungen und Pantomimen vor.

Wedekinds Lyrik, insbesondere die Jugendlyrik, die zu einem großen Teil auf autobiographischen Erlebnissen basiert und Ausgangspunkt für seine späteren Dramen ist, wurde trotz aller bisherigen Bemühungen weitgehend vernachlässigt. Lediglich Rolf Kieser verweist bereits 1990 in seinem Buch *Benjamin Franklin Wedekind, Biographie einer Jugend* auf zahlreiche Originalmanuskripte und bisher unveröffentlichte Gedichte, die er jedoch meist nur auszugsweise wiedergibt. Darüber hinaus umreißt er als erster ein neues Wedekindbild, wie es bisher nicht bekannt war.

Es wird Aufgabe dieser Veröffentlichung sein, diesem frühen Teil der Wedekindproduktion einen gebührenden Platz im Rahmen seines Schaffens zuzuweisen. Dennoch kann auch hier nicht die gesamte Jugendlyrik im Manuskript wiedergegeben werden, da eine solche Ausgabe auf Grund ihres Umfanges den vorgegebenen Rahmen sprengen würde. Außerdem sind Teile der Jugendlyrik im Originaltext nicht mehr verfügbar und liegen nur als Maschinenabschrift in den Archiven vor. Wie der Titel bereits andeutet, soll sich diese Ausgabe deshalb nur auf 'ausgewählte Lyrik-Manuskripte des jungen Frank Wedekind' beschränken. Bei der Auswahl der Gedichte und Lieder wurde Wert darauf gelegt, eine möglichst breite Palette seines dichterischen Schaffens aus unterschiedlichen Epochen seiner Jugendzeit zu präsentieren, um die literarische Entwicklung deutlich zu machen. Dabei soll die Einblendung biographischer Bezüge mit den vielfältigen kulturellen Aktivitäten des Städtchens Lenzburg einen besseren Zugang zu seinem lyrischen Frühwerk ermöglichen.

In dieser Publikation wird weitgehend auf Originalmanuskripte des Autors zurückgegriffen, die zum größten Teil in der 'deutschen Schreibschrift', auch 'Sütterlin-Schrift' genannt, abgefasst sind. Dabei wird bewusst die Patina der alten Dokumente bewahrt.

Im Sinne einer zeitgemäßen Lesbarkeit wird jedoch parallel zur Sütterlinschrift die Transskription in lateinischer Umschrift angeboten. Bei den kleingedruckten Zitaten im Text wird die Schreibweise Wedekinds beibehalten. Im Unterschied hierzu wird bei den Transkriptionen die aktuelle Schreibweise zu Grunde gelegt. Dabei wurde das Anredepronomen durchgängig groß geschrieben, da es sich bei den vorliegenden Texten in der Mehrzahl um Briefe handelt und Wedekind ohnehin keine einheitliche Schreibweise gewählt hat. Sofern ausgelassene Buchstaben durch das Versmaß bedingt sind, wird Wedekinds Schreibweise übernommen und nicht apostrophiert.

Der hohe Reiz der Ausgabe liegt sicherlich darin, dass man von der Wedekind-Handschrift bis zum fertigen Druck den Entstehungsprozess der einzelnen Arbeiten verfolgen kann. Dabei wird deutlich, wie seine Dichtung ganz aus dem persönlichen Erlebnis und Bekenntnis wächst. Auch die Tatsache, dass der junge Wedekind seine Gedichte und Lieder im Sinne eines Gesamtkunstwerks oft mit dilettantischen Zeichnungen und Kritzeleien versehen hat, möchten wir, um einen lebendigen Eindruck zu vermitteln, dem Leser nicht vorenthalten.

1. Der Dichter aus Lenzburg

Frank Wedekind ist von Anfang an eine Ausnahmeerscheinung. Seine Kindheit ist beeinflusst vom Achtundvierziger-Liberalismus seines Vaters, dem Amerika-Erlebnis der Eltern und ihren darauf zurückzuführenden Erziehungsmethoden und Anschauungen. Die Ehe der Eltern und seine Kindheit auf Burg Lenzburg werden bei ihm zum prägenden Erlebnis. Frank Wedekind hat seinen Vater, Dr. med. Friedrich Wilhelm Wedekind, nur als Rentner gekannt. Als dieser 1872 mit seiner Familie nach Lenzburg zieht, befindet er sich seit Jahren im Ruhestand.

Mit der politischen Lage in Deutschland unzufrieden, wandert der Vater 1848 nach Amerika aus, um sich als praktischer Arzt in San Francisco niederzulassen. Auf der Jagd nach dem Glück in den Randgebieten der Zivilisation gewinnt er als Präsident des Deutschen Clubs rasch hohes Ansehen. Im Besitz der amerikanischen Staatsbürgerschaft, erwirtschaftet er in der Goldgräbermetropole durch den Bau von Häusern und durch Grundstücksspekulationen rasch ein beachtliches Vermögen. Friedrich Wilhelm Wedekind fühlt sich als einer der Gründerväter dieser neuen kalifornischen Republik. Hier lernt er die Tingeltangel-Sängerin Emilie Kammerer kennen, für die seine Liebe entbrennt. Wegen dieser nicht standesgemäßen Verbindung wird er von der deutschen Kolonie geschnitten und muss die Stadt fluchtartig verlassen, um Emilie am 26. März 1862 in Oakland zu ehelichen. Dort wird auch der erste Sohn Armin geboren. Friedrich Wilhelm Wedekind entschließt sich 1864 mit seiner Familie in die Heimat zurückzukehren. Kurz nach der Ankunft in Hannover kommt Benjamin Franklin Wedekind am 24. Juli 1864 zur Welt. Erst als sich 'Franklin' später immer häufiger in Schwabinger Künstlerkreisen aufhält, beginnt er sich modisch 'Frank' zu nennen. Wie die Eintragungen belegen, hat der Vater keines seiner Kinder kirchlich taufen lassen. Er gibt ihnen Namen, die seinem Weltbild entsprechen. Der älteste Sohn heißt Armin Francis (geb. 1863), in Erinnerung an San Francisco. Es folgen Benjamin Franklin (geb. 1864) und William Lincoln (geb. 1866), genannt nach den Gründervätern der liberalen Demokratie. Seinem jüngsten Sohn Donald (geb. 1871) gibt er in Anspielung auf Lenzburg den Beinamen Lenzelin. Die Töchter tragen die Namen Frieda Marianne Erika (geb. 1868) und Emilie (geb. 1876).[1]

Dr. Friedrich Wilhelm Wedekind übt als wohlhabender amerikanischer Staatsbürger seinen Arztberuf in Deutschland nicht mehr aus, sondern verfasst im Geiste der 48-er Bewegung Flugschriften, mit denen er der großdeutschen Politik entgegenwirken will. Nach dem Triumph der Bismarck-Politik sucht er erneut den Ausweg in der Emigration. Als ihm durch ein Inserat in der Tageszeitung die mittelalterliche, gut erhaltene Burg Schloss Lenzburg im Kanton Aarau zum Kauf angeboten wird, greift er kurzentschlossen zu und übersiedelt 1872 mit der Familie für immer in die Schweiz. Mit entscheidend für diese Wahl war der gute Ruf, den die Pädagogik im Kanton Aarau durch das Wirken von Johann Pestalozzi hatte. Zu diesem Zeitpunkt ist Franklin 8 Jahre, sein Vater 57 Jahre und seine Mutter 33 Jahre alt.

Schloss Lenzburg um 1880. Im Vordergrund Emilie Wedekind mit ihren Kindern.

Befreit von materiellen Sorgen, verfügt der Vater über das notwendige Kapital, um sein Leben so zu gestalten, wie es seinen Idealen entspricht. Dazu gehört eine Heimat, die mit seinen politischen Vorstellungen übereinstimmt, ein stattliches Haus, die sorgfältige Erziehung seiner Kinder im Geiste liberaler Leitbilder und die Möglichkeit, seiner ausgeprägten Sammelleidenschaft nachzugehen.

Es besteht kein Zweifel, dass Friedrich Wilhelm Wedekind nicht nur seine schöne Frau, sondern auch das Schloss als unabdingbaren Bestandteil für sein Selbstwertgefühl und sein persönliches Glück benötigte. Doch gerade dadurch machte er sich in Lenzburg zum feudalen Außenseiter. Um seine Kinder als junge Republikaner heranwachsen zu sehen, hätte er ihnen keine ungeeignetere Ausgangslage als ein Leben hinter Schlossmauern bieten können.

Frank Wedekinds Eltern versinnbildlichen die beiden Pole, zwischen denen er aufwächst. Väterliche Tüchtigkeit und Zuverlässigkeit kontrastieren mit der künstlerischen Leichtlebigkeit der Mutter. Sie ist es auch, die jeden Donnerstag im Familienkreis Hauskonzerte und Literaturlesungen für die Kinder und deren Freunde veranstaltet, wie die Jugendfreundin Sophie Haemmerli-Marti berichtet.[2] Die künstlerischen Eindrücke, die Frank an diesen Donnerstagabenden in seinem

Elternhaus aufnimmt, üben nicht nur auf seine Jugendlyrik und seine Bänkellieder, sondern auch auf seine Dramaturgie eine starke Wirkung aus.

Das Reifen der Mutter fällt zusammen mit dem Nachlassen der Kräfte des Vaters. Schwere Spannungen zwischen dem ungleichen Paar sind die Folge. Friedrich Wilhelm Wedekind hat zwar die Frau gewonnen, die er begehrte, nicht aber das Glück, das er sich erhoffte. Seine ständigen Vorwürfe und die Anspielungen auf ihre abenteuerlichen Jugendjahre machen deutlich, dass der Unterschied in Alter, Erziehung und Bildung zwischen beiden Partnern zu groß für eine glückliche Verbindung ist. Dabei entwickelt sich der Vater immer mehr vom Außenseiter zum Sonderling und zieht sich vom alltäglichen Familienleben fast vollständig zurück. Misstrauisch und vereinsamt entschwindet er schließlich aus dem Gesichtskreis der Familie. „Mitten in seinen Büchern und Sammlungen lebte er in einem Teil des Schlosses wie ein Einsiedler.“[3] (Abb. S. 68)

Emilie Kammerer, verh. Wedekind. San Francisco, 1860

Die elterliche Ehe, die sich vor den Augen der Kinder als eine tägliche Katastrophe abspielt, lässt sich als Grunderlebnis des Bänkelsängers und künftigen Dramatikers beschreiben. Das Gedicht *Auf der Brücke* (S.10) schildert uns ein verliebtes Ehepaar, dem nach der Trauung und idyllischen Schäferstunden nur ein kurzes Glück beschieden war, ganz so, wie es offensichtlich bei Wedekinds Eltern der Fall war. Auch der 1878 entstandene Vers *Xanthippe* (S.14) ist Ausdruck für das disharmonische Zusammenleben der Eltern. Mit wenigen Worten und feiner Ironie lässt Franklin vor unseren Augen ein Bild entstehen, das auf den intellektuellen Vater und die resolute Mutter passt. Für die Außenstehenden im schweizerischen

Lenzburg blieb das Wedekindsche Familiendrama Zeugnis einer besonderen Lebensart, die man hier als 'amerikanisch' empfand. Auch der Umstand, dass die Kinder des Hauses bei Tisch mitreden durften, ist neu und für die Lenzburger gewöhnungsbedürftig.

Der älteste Bruder Armin hat nach dem väterlichen Vorbild den Arztberuf ergriffen. William Lincoln (Willy) wird in Südafrika sesshaft. Erika hat das Talent der Mutter geerbt und wird an der Dresdner Hofoper eine berühmte Sängerin. Emilie (Mati) lebt lange bei der Mutter. Donald setzt seinem unglücklichen Leben 1908 selbst ein Ende, nachdem er als Mensch zerrissen und als Künstler gescheitert ist. „Einer aber wird das Leben schreibend bestehen und in den konfusen, doppelbödigen herzzerreißenden Lebensgeschichten seiner Jugend die Stoffe für seine großen Tragikomödien finden“,[4] Frank Wedekind.

Frank Wedekind mit seinem älteren Bruder Armin, Lenzburg 1874

Franklins Reaktion auf die familiäre Situation ist der wichtigste Impuls für sein frühes lyrisches Schaffen. Vater und Mutter, Schloss und Städtchen bilden einen Widerstand, der den angehenden Dichter zu höchsten Anstrengungen des Andersseins zwingt. Damit wird Schloss Lenzburg für unseren Bänkelsänger zum Gedankengebäude und Bezugspunkt seines persönlichen und künstlerischen Bewusstseins. Das Elternhaus ist der Ort, zu dem er physisch und psychisch immer wieder zurückkehrt und auf den wir in seinen Werken immer wieder stoßen. Das Schloss wird zur dichterischen Metapher: Es ist Vaterhaus, Luginsland, Wachtturm und Beobachtungsposten, Märchenschloss, Gralsburg und Zwingburg zugleich, Herrensitz, Refugium und Verlies. Vor allem aber ist es eine erste Schaubühne, komplett ausgestattet mit der dramatischen Kulisse und dem festen Ensemble der Familiencharaktere.[5] Kein anderer Dichter der Neuzeit verfügt über einen derart dramatischen Schauplatz seiner Jugend, ein ähnlich starkes Stimulans seiner Phantasie. „Hier im väterlichen Monument der Rechtschaffenheit, im Muff der Ritterburg entwirft er sein rebellisches Gegenmodell, das von der Befreiung des Menschen handelt. Hier auf Schloss Lenzburg entsteht ein Kapitel der Neuzeit."[6]

Was Franklin zum Schreiben inspiriert, ist nicht das Bilderbuchhafte seiner Umgebung, sondern der Gegensatz der Welten, die hier aufeinander prallen. Sexualität und bürgerliche Moral sind die Eckpfeiler, auf denen seine Dichtung ruht. Somit spielt sich auf dem Schloss nicht die sonnige Jugend eines privilegierten Bürgersohnes ab. Hier wird ein Lebensstil verordnet, der aus der Zeit herausfällt, der mit Isolation verbunden ist. Hinter den Schlossmauern kann kein heimlicher Liebhaber das Glück des alternden und eifersüchtigen Ehemanns stören. Im Zweifelsfall könnte man auf die Zugbrücke zurückgreifen. (Abb. S. 8) Damit wird das Schloss zu einem Gefängnis für die Ehefrau und die Kinder, die von ihrer hohen Warte von den Spielen mit ihresgleichen ausgeschlossen sind. Genau 365 Stufen führen hinauf; eine für jeden Tag des Jahres, die sie täglich erklimmen müssen, um von der Schule zurück ins Elternhaus zu gelangen. (Abb. S. 9)

Wedekinds Erfahrungswelt, aus der er seine Stoffe schöpft, ist sein zerrüttetes Elternhaus. Durch die Patriarchenpersönlichkeit seines tyrannischen Vaters hinter Schlossmauern eingepfercht, erlebt er den erbarmungslosen Geschlechterkampf, wie er ihn in seinen Gedichten und Dramen beschreibt. Was sich im Verhältnis innerhalb der Familie zeigt, kennzeichnet Wedekinds Einstellung zum Mitmenschen. Sowohl im persönlichen Bereich als auch in seinem Werk geht er erbarmungslos gegen Macht verleihende Privilegien wie Lebensalter, Geschlecht, Besitz oder gesellschaftliche Stellung vor. Missbrauch solcher Macht gehört zum Verwerflichsten in seiner Werteskala. Seine Einstellung zum Staat und zu den gesellschaftlichen Kräften fußt auf Erfahrungen, die er im Elternhaus gemacht hat. Der Haupttrieb des Menschen ist nach seiner Auffassung der Egoismus. Diese Anschauung präzisiert er durch die Überzeugung, dass der Mensch keine andere Liebe kenne als die zu sich selbst. Später korrigiert er seine Menschenverachtung, indem er Gott und dem Dasein alle Schuld aufbürdet. Seiner Auffassung nach kann man keinen Menschen als Sünder bezeichnen, denn alle guten Eigenschaften zeugen letztendlich nur von einem klügeren Egoismus.[7]

Zugbrücke und Katzentürchen auf Schloss Lenzburg, 1880

Als 'Schlossjunker' hat Franklin alle Normen längst überschritten. In dieser Sonderstellung geht der Außenseiter eine Symbiose mit dem Kleinstadtleben ein. Wedekinds frühe Einsicht, nicht nur anders zu sein, sondern dieses Anderssein auch betonen zu müssen, ist die erste Voraussetzung seines Schreibens: eine dramatische Entscheidung für ein Kind, selbst inszenierte Einsamkeit und trotzige Herausforderung. Der Riss der heilen Welt, den Wedekind am eigenen Leib immer wieder erfährt, spiegelt sich in all seinen Werken und macht ihn zwangsläufig zum Skandaldichter. Um die bürgerliche Moral anzuprangern, bleibt ihm nur die Möglichkeit, zur Überdosierung zu greifen. Somit provoziert er durch grotesk verhöhnende Übertreibung und schockiert durch krasse, demaskierende Diktion. Ohne Rücksicht auf Psyche und Milieu stellt er die animalischen Triebe des Menschen zur Schau. Mit seiner Ironie bahnt er sich den Weg zu einem neuen Stil, bei dem sich seine Charaktere in dem gleichen sozialen Umfeld bewegen, das er in seiner Jugend auf Schloss Lenzburg vorgefunden hat.

365 Stufen führen hinauf zum Schloss

Auf der Brücke.

Ich schaut' in die schwarzen Fluthen hinab,
Am Himmel erglänzten die Sterne.
Mir grinset entgegen ein schauriges Grab,
Und dennoch seh ich es gerne.

Da flüsterte mir der Winde Wehn
Von einem liebenden Paare:
Entschlossen, vereint durch das Leben zu gehn,
Trat hin es zum Traualtare.

Als Tanz und Sang nun vorüber war,
Und die ~~Gäste allmählig~~ Hochzeitsgäste verschwunden,
Erinnerte sich das ehemalige Paar
Idyllischer Schäferstunden.

Verte!

Auf der Brücke

Ich schaut' in die schwarzen Fluten hinab.
Am Himmel erglänzten die Sterne.
Mir grinset entgegen ein schauriges Grab,
Und dennoch sah ich es gerne.

Da flüsterte mir des Windes Wehn
Von einem liebenden Paare:
Entschlossen, vereint durch das Leben zu gehn,
Trat froh es zum Traualtare.

Als Sang und Tanz nun vorüber war,
Und die Hochzeitsgäste verschwunden,
Erfreute sich das glückselige Paar
Idyllischer Schäferstunden.

Es war eine Kirche, ein ragender Raum.
Wie selten der Himmel gesehen,
Wo [illegible] genossen den Traum,
Da [illegible] sie stehen:

Denn als am Morgen zu neuer Lust
Erschienen ihre Genossen,
Da trug die Braut einen Dolch in der Brust,
Der Bräutigam lag erschossen.

15. II. 1881.

Es war ein kurzer, reizender Traum.
Sie hatten den Himmel gesehen,
Vom Lebenskelche genossen den Schaum,
Die Hefe ließen sie stehen:

Denn als am Morgen zu neuer Lust
Erschienen ihre Genossen,
Da trug die Braut einen Dolch in der Brust,
Der Bräutigam lag erschossen.[8]

15.II.1881

Es war ein Pärchen, ein glänzender Traum.
Die hatte der Himmel geschaffen,
Einen Liebeskelch genossen die Träumer,
Sie sahen lieblich sie stehen:

Doch als am Morgen zu meiner Lust
Erschienen ihre Genossen,
Da trug die Braut einen Dolch in der Brust,
Der Bräutigam lag erschossen.

15. II. 1881.

Xanthippe

Die böse Frau Xanthippe heißt,
Die ihren Mann am Halstuch reißt.
Sie goss das volle Nachtgefäß
Hinunter über Sokrates.
Da sprach der Weise sehr verlegen:
„Auf's Donnerwetter folgt der Regen.“[9]

1878

2. Die Schule und der Karzer

Über die ersten Schuljahre von Franklin Wedekind ist wenig überliefert. Es ist bekannt, dass er ab Herbst 1872 die Gemeindeknabenschule in Lenzburg, ab 1875 die ortsansässige Bezirksschule und ab 1879 die Kantonsschule in Aarau besucht, wo er 1884 das Abitur ablegt. Wie das Notenbuch belegt, ist er ein schlechter Schüler. Auch sein Betragen wird oft getadelt. Professor Rauchenstein, bei dem er in Aarau zur Untermiete wohnt, schreibt dem Vater: „Seine grenzenlose Faulheit, Gleichgültigkeit und die jeder gesunden Entwicklung und Disziplinierung im Wege stehende Poetasterei spotten jeder Beschreibung."[10] Bereits in einem Alter, in dem seine Klassenkammeraden gerade des Schreibens mächtig sind, bringt Franklin alles, was ihn beschäftigt, in Versform. Hiervon bleibt selbst die Schulordnung nicht verschont. Seine rebellische Aufsässigkeit beginnt bereits in der ersten Klasse. Hier traktiert er den Lehrer Meyer so lange mit einem Sonnenspiegel, bis diesem die Geduld reißt. „Wedekind, zwei Stunden Karzer, tönt es vom Pult her, und schon geht es weiter."[11] An dieses unrühmliche Ereignis erinnert das Gedicht *Im Kerker,* mit dem sich Franklin postwendend an dem Lehrer rächt. Dieser findet die boshaften Zeilen bereits am nächsten Morgen, zur Erheiterung der ganzen Klasse, auf seinem Pult. Hier eine der vierzehn Strophen:

> Der du dich scheust vor dem göttlichen Licht,
> Nichts weißt du von edlem Trachten:
> Hättst du die liebliche Tochter nicht,
> So könnte ich dich verachten.[12]

Durch seine lyrischen Angriffe auf den bürgerlichen Ordnungssinn bringt der Kantonsschüler das Bildungsmonopol der Schule durcheinander. Ebenso wie er sich an die Respektspersonen des höheren Schulwesens wagt, um deren Autorität in Frage zu stellen, traktiert er die Lenzburger Backfische und deren Mütter mit ständigen Liebesgedichten. Die Kompetenz seiner Lehrer reicht bei ihm immer nur so weit wie die Überzeugungskraft ihrer Persönlichkeit. Seinem Trommelfeuer witziger und ironischer Verse ist keiner gewachsen. Selbst Maßnamen wie der häufig verhängte Arrest werden als Drohgebärden entlarvt und in die lyrisch-dramatische Selbstdarstellung einbezogen, wie in dem Gedicht *An Herrn Professor Hunziker* (S.24), in dem er sich zwar für das Schwänzen der Französischstunde entschuldigt, aber zugleich die Vorzüge des Karzers preist.

Von seinen Zeitgenossen wird Franklin von Anfang an mit theatralischen Auftritten in Verbindung gebracht. Wenn er mit seinen drei Brüdern in Kosakenuniform mit schwarzen Lackstiefeln, Leinenkittel und Ledergürtel im grün angestrichenen Leiterwagen oder auf dem Rücken der Schlossesel ins Städtchen herunter geritten kommt, um Wasser zu holen, steht die Jugend Spalier und schreit: „Die Schlossesel kommen."[13] Im Leiterwagen saßen meist sein Bruder Donald und die Schwester Emilie, Mati gerufen. Noch schöner war es für die Kinder, wenn die drei großen Wedekindbuben nebeneinander hergeritten kamen, kerzengerade aufgerichtet, jeder auf einem grauen Esel. Ein Stück weit rannten die Kinder hinter ihnen her, und wenn sie 'Hannibal' streicheln durften, waren sie überglücklich. Der unwiderstehlich theatralische Auftritt der Schlossjugend beinhaltet nicht nur Farbigkeit und Komik, sondern birgt zugleich eine gewisse Herausforderung in sich. Dieses souveräne Abweichen von den alltäglichen Normen, das ungenierte Überspielen der Grenzen zwischen Wirklichkeit und Phantasie, das selbstbewusste 'Sich-in-Szene-Setzen' droht jede Realität zu sprengen. Die circensische Show mit den Eselreitern und dem grün angestrichenen Märchenfuhrwerk mit ihren Insassen war für die Stadtjugend kein vorübergehendes Ereignis, sondern eine faszinierende Sensation, die immer wieder Anlass zu allerlei Spekulationen gab. Damit eröffnete man Franklin alle Möglichkeiten für seine künftigen theatralischen Auftritte, an denen es ihm nicht mangeln sollte.

Bezirksschulhaus der Knabenschule in Lenzburg 1903

„So klein das Städtchen war, besaß es doch ein reges geistiges Leben und ein vielfältiges kulturelles Angebot. Es gab einen gemischten Chor, in dem auch bald Wedekinds Mutter und seine Schwestern teilnahmen, ein Orchester, das Liebhabertheater und die Stadtmusik. Hinzu kam, dass man literarische Abendunterhaltungen und Theateraufführungen jedweder Art liebte."[14] (Abb. S. 149 und 132) So steht im Zentrum des gesellschaftlichen Lebens von Lenzburg bis heute noch das 'Jugendfest', eine Frühlingsfeier mit symbolischen Rollenspielen unter Mitwirkung der gesamten Stadtbevölkerung. Das für die männliche Schuljugend bestehende 'Kadettenkorps' nimmt Franklin in seine Reihen auf, so dass er auch hier wieder seine schauspielerischen Ambitionen voll ausleben kann.

Kadettenkorps beim 'Jugendfest' 1911

Nur wenige Jahre nach Franklins Kantonschulzeit finden wir auch Albert Einstein unter den Teilnehmern des Jugendfestes. Durch diese gehäuften Aktivitäten kommt Lenzburg Franklins Hang zur Inszenierung von eigenen theatralischen Einfällen und zur Gründung von literarischen und philosophischen Vereinigungen entgegen. Die Muse hat ihn früh geküsst, scheint sie doch bereits mit dem ersten Frühlingshauch im Schlosshof durch sein offenes Fenster galoppiert zu sein, wie er es in dem lieblichen Poem *Wiedersehn* (S. 32) beschreibt. Diese lyrische Stimmung bestätigt auch ein Tagebucheintrag vom März 1888. Franklin schildert uns hier sein nächtliches Erlebnis mit der Hauskatze Pusi im Turmzimmer: (Abb. S. 50)

Die Entbindung dauert eine gute Stunde. Nachdem sie die Jungen gehörig abgeleckt, beginnen sie zu piepsen. Ich hole meine Mandoline und trage ihnen Brahms' Schlummerlied vor. Jetzt ist es halb vier. Ein feuchter, erfrischender Wind weht voll zum offenen Fenster herein. Im ganzen Schloß klappen Türen und Fensterläden zu, und in der alten Linde rauscht es wie ferne Brandung.[15]

Franklin will anders sein und versucht sich so ausdrücken, dass er auffällt. Deshalb schiebt er den auserkorenen Schönen selbst während des Unterrichts seine harmlose Liebespoesie zu, so dass er bald das Ärgernis vieler Lehrer erregt. Wie die Schulfreundin Sophie Haemmerli-Marti berichtet, befindet sich im Stadtarchiv eine Beschwerde des Stadtrats an Friedrich Wilhelm Wedekind, weil die Söhne Franklin und Willy (William Lincoln) auf ihren Eseln sogar durch den Friedhof geritten seien. Um gegen die stoische Heiterkeit von Franklin anzukommen, genügt es nicht, dass der Bezirksschulrektor Thut den Stock auf seinem Rücken zerschlägt. Viel härter ist die Strafe, dass er ihn beim Lenzburger 'Jugendfest' vom 'Kadettenleutnant' zum 'gemeinen Soldaten' disqualifiziert. Keinen Laut gibt Franklin von sich, aber am nächsten Tag rächt er sich für diese öffentliche Schande mit seinem Gedicht *Hauptmanns Leiden* (S. 34), das in der Klasse herumgereicht wird und Rektor Thut 'zum Himmel aufschreien' lässt. „Mit dem schönen Wilhelm und der bösen Bertha hat er das Schulmeisterehepaar ein Leben lang gebrandmarkt."[16] Die Schande der Degradierung beim 'Jugendfest' nimmt Franklin zum Anlass für ein zweites Gedicht, das den Titel *Mein Säbel* trägt:

Herrlich einst in meiner Rechten
Blitzest du und warst mir teuer
Und für's Vaterland zu fechten
Gingen wir vereint durchs Feuer.

Aber, ach so sollt's nicht bleiben
Denn der Neid begann zu brennen
Und in einem großen Schreiben
Wollte man, wir soll'n uns trennen.

Und ein andrer soll dich erben.
Erst durchbohre meine Brust!
Aber - nein - ich könnte sterben
Von dem großen Blutverlust.

Aber scheiden wolln wir nimmer
Wenn man dich auch von mir reißt
Folg den Räubern, aber immer
Bleiben wir vereint im Geist.

In den mondeshellen Nächten
Schleichst du zu mir in mein Schloß
Wieder nun zu meiner Rechten
Wiegst du dich und machst mich groß.

Unter jenen hohen Bäumen
Schauen wir aufs Städtchen nieder
Und aus seinen tiefen Träumen
Wecken wir's durch Galgenlieder.[17]

Auch hier greift unser Autor wieder auf die ihm lieb gewordene Kulisse des Schlosses zurück, lässt seinen Blick hinunter über das verschlafene Städtchen schweifen und weckt dessen Bewohner mit seinen Bänkelliedern.

Auch wenn das 'Jahrhundert des Kindes' bereits begonnen hat, wie die Mundartdichterin Sophie Haemmerli-Marti in *Mis Aargäu* schreibt, fühlen sich alle Institutionen, die für Franklins Schulerlebnis maßgeblich sind, in erster Linie den humanistischen Bildungsidealen verpflichtet. Damit steht das beamtete Bürgertum mit dem Monopol auf Wissen und Bildung den jungen Menschen nicht zeitgemäß gegenüber. Es ist deshalb nahe liegend, dass viele Fragen der Jugendlichen unbeantwortet bleiben und sie entweder resignieren oder aber, wie Franklin, zu Rebellen werden. Die negative Rolle, die der öffentlichen Bildung im Werk Wedekinds zufällt, kennzeichnet generell die Unzulänglichkeiten und mangelnden Hilfestellungen bei der persönlichen Entwicklung. Franklin vertritt gegenüber dem staatlichen Bildungsmonopol das Recht des ohnmächtigen Kindes, das in seiner Existenz ernst genommen werden möchte. Dies zeigt sich auch in seiner Kindertragödie *Frühlings Erwachen*. Damit wird die Schule in seinem Werk zur Metapher, in der die gesellschaftlichen Gegensätze aufeinander prallen. So gesehen bedeutet sein Werk nicht nur eine Enttabuisierung, sondern zugleich eine gesellschaftliche Notwendigkeit, eine Erklärung der Menschenrechte für Kinder. Dabei wird der Eros zum Schlüssel der persönlichen Menschwerdung. Seinem Aufruf zur anarchischen Rebellion, zu einer neuen, vom Dichter und Komödianten Wedekind inszenierten Epoche des Sturm und Drang folgt eine ganze Schülergeneration mit Begeisterung. Doch der Rebell macht sich bereits damals keine Illusionen über die Durchschlagskraft seiner Kampagne gegen das Philistertum.

Dies alles erscheint in einem zweideutigen Licht, zumal der Kanton Aarau im 19. Jahrhundert den Anspruch erhebt, das fortschrittlichste pädagogische Konzept zu besitzen. So ist es kein Zufall, dass Johann Heinrich Pestalozzis Idee der leistungsorientierten und gemütsbildenden Lernschule, die im Zuge der französischen Revolution zu einer Erneuerung des europäischen Schulwesens führt, ihren Ursprung in der direkten Umgebung von Lenzburg hat. Dies war, wie bereits erwähnt, einer der Gründe für Frank Wedekinds Vater, mit seiner Familie von Hannover nach Lenzburg zu übersiedeln.

Franklins sarkastische Angriffe auf die Borniertheit und die falschen Autoritätsansprüche der Lehrerschaft fallen ihm leicht, zumal sich die meisten Pädagogen ihm gegenüber bildungsmäßig im Nachteil befinden.

Franklin Wedekind (2. Reihe, 2.v.l.) mit seiner Klasse in der Bezirksschule Lenzburg und den Lehrkräften

Seine ungewöhnliche intellektuelle Neugierde und seine Frühreife haben ihm bereits als Schüler zu den neuesten Erkenntnissen auf dem Gebiet der Literatur, Philosophie und Naturwissenschaften verholfen, die den Horizont vieler Lehrkräfte überschreitet. Hinzu kommt seine überlegene sprachliche Gewandtheit, der niemand in seiner Umgebung gewachsen ist.

Sein unheimliches Talent, Schiller und Goethe „auf den Mund zu schauen und mit spielender Leichtigkeit deren Ton bis zur Unkenntlichkeit nachzuahmen, führt zur Begeisterung unter den Mitschülern und zur Ratlosigkeit unter den Lehrern".[18] In dem folgenden Kurzgedicht beweist er sein diesbezügliches Talent:

Praktischer Rat

Die Kunst mußt du verstehn,
Soll dich die Welt verhimmeln;
Wie Goethe auszusehn
Und Schiller zu verstümmeln.[19]

Trotz aller Genialität schätzt Franklin seine schulischen Leistungen und seine Faulheit richtig ein, wie aus einem seiner frühesten Gedichte *De Scriptore* zu entnehmen ist, das hier auszugsweise zitiert wird:

Der Scriptor, der war hoch und hehr,
Ein Mann von großem Geiste.
Drum murrt man in der Schule sehr,
Weil er so wenig leiste.
Da gab's Epistel allerhand
Und bald ward überall bekannt
Die grenzenlose Faulheit.

Doch das verdroß scriptorem sehr,
Er warf sich auf die Liebe
Und droht, du gehst mir nimmermehr,
Wenn auch nichts andres bliebe.
Er schaffte sich ein Ideal
Und ging auch morgens gleich zum Ball
Doch alles nur im Geiste...[...]

In seiner Jugend ritt er gern
Auf jenen heil'gen Tieren,
Die schon vor Zeiten unsern Herrn
Trugen oftmals spazieren.
Da ritt er einst an einen Stein,
Wo Caesar trank 'nen Schoppen Wein
Und setzte drauf sich nieder.

Und als er so versunken saß
Hast' eine Kräh' am Kragen
'Nen Spatzen sie soeben fraß
Mit göttlichem Behagen.
Der Spatz sprach, o schone mein
Und laß das Räuberhandwerk sein.[20]

Wie bereits der lateinische Titel besagt, handelt das Gedicht 'vom Schriftsteller'. Auch hier bezieht Franklin wieder autobiographisch das Umfeld des Schlosses und die bereits erwähnten Schlossesel in das Geschehen mit ein. Aus schulischer Sicht bleibt er auch in den Folgejahren ein Faulpelz; dichterisch jedoch ein unerkanntes Genie. Sein Maturitätsspruch beim Abschluss der Schulzeit lautet denn auch: „Wedekind, i der Schuel sind Si underem Strich gsi. Aber im Läbe sind Si denn überem Strich!“[21]

In einem Schulheft von Franklin, das im Burghaldemuseum Lenzburg aufbewahrt wird, finden wir unter dem Eintrag vom Juli 1879 *Ein Nachtabenteuer, erlebt von Ritter Heinrich und seinem Schildknappen Werner* (S. 38). Das lyrische

Produkt mit den Nachtgespenstern im Mondenschein und der schlagenden Kirchturmuhr, auf die der Hammer zwölfmal niederfällt, zeigt uns als romantische Kulisse abermals Schloss Lenzburg mit seinem malerischen Innenhof (Abb. S. 50) und die Folgen eines erotischen Abenteuers. Diese lyrischen Anklänge unterscheiden sich grundlegend von seiner späteren Weltanschauung und haben nichts mit seiner pessimistischen Phase oder seinen 'realpsychologischen Experimenten' gemein.

Die Jüngsten beim 'Jugendfest' in der Rathausgasse, 1912

An
Herrn Professor Hunziker
in ehrerbietigster Hochachtung
die Delinquenten.

O, Herr Professor, zürnen Sie uns nicht,
Wenn wir in kindlichem Vertrauen wagen,
Was unser Herz belastet, im Gedicht,
Im Schmucke der Verse Ihnen vorzutragen!
Denn wer im schlichten Wort zu Ihnen spricht,
Und blickt Sie an, wie leicht könnt' er verzagen.
Unglücklich der, so eine Rede schreibet,
Und, will er sprechen, drin stecken bleibet.
So hilf uns denn, o Göttin Poesie,
Laß uns mit deiner Laute Silbertönen
Durch deiner Worte süße Melodie
Den Herrn Professor wiederum versöhnen! —

Zwar [illegible], daß die [illegible] geschienen,
Wie [illegible] groß und klein. —
O Herr Professor, könnten Sie verzeihn,
Wenn unsre Muse spricht [illegible] mit Ihnen?

Nun hören Sie denn, was unser Lied bestellt
Und blicken gnädig auf die Sünder nieder!
Wir wissen wohl, wir haben arg gefehlt,
Und sicherlich geschieht's gewiß nicht wieder.
Denn jede Lücke in des Rechtes Grenzen
Wird immer gnädigst [illegible],
Das aber freilich war noch unerhört,
[illegible] die Französischstund' zu schwänzen.

Am Tag vorher war zwar die [illegible]
[illegible], getrunken wurde lang und viel.
Des Katers grausenvolles Ungeheuer
Trieb noch in mancher Brust sein schrecklich Spiel.

An
Herrn Professor Hunziker
in ehrerbietigster Hochachtung
die Delinquenten

O, Herr Professor, zürnen Sie uns nicht,
Wenn wir in kindlichem Vertrauen wagen,
Was unser Herz belastet, im Gedicht,
Im Schmuck der Verse Ihnen vorzutragen!
Denn wer in schlichtem Wort zu Ihnen spricht,
Und blickt Sie an, wie leicht könnt' er verzagen.
Unglücklich der, so eine Rede schreibet,
Und will er sprechen, darin stecken bleibet.
So hilf uns denn, o Göttin Poesie,
Dass wir mit Deiner Laute Silbertönen
Durch Deiner Worte süße Melodie
Den Herrn Professor wiederum versöhnen! -

Zwar weiß ich, dass Dir stets verkehrt geschienen,
Wie heut zu Tage redet Groß und Klein. -
„O, Herr Professor, könnten Sie verzeih'n,
„Wenn unsre Muse spricht per Du mit Ihnen?

Nun höre denn, was unser Lied beseelt
Und blicke gnädig auf die Sünder nieder!
Wir wissen wohl, wir haben arg gefehlt,
Und Ähnliches geschieht gewiss nicht wieder.
Denn jede Bitte und des Rechtes Grenzen
Ward immer gnädigst ja von Dir gewährt.
Das aber freilich war noch unerhört,
Ohn' Anlass die Französischstund' zu schwänzen.

Am Tag vorher war zwar die Saalbaufeier,
Getanzt, getrunken wurde lang und viel.
Des Katers grauenvolles Ungeheuer
Trieb noch in mancher Brust ein schrecklich Spiel.

das Ohr vernahm noch immer mit Erstaunen
Als wär's im wachen Traume Stück für Stück
der lauten, fußbeflügelnden Musik
Zum Klang der Cymbeln, Pauken und Posaunen

O schöner Traum, du bist dahin, bist nichts.
Wie traurig mußtest du dich umgestalten!
O, wie beschämend ist es, Burgschafts
der ganzen Menschheit Carcer zu erhalten!
Und schmerzt sie nicht die Kürze seiner Stunden.
Wer hat für solches Leid nicht Trost gefunden?
Man kauft sich Brot und eine Flasche Wein;
Die hält man untern Mantel wohl verborgen
Und froher Mut, das Herz ohn' Sorgen
Tritt in den ~~fest~~ öden Carcer man hinein.
Das Zimmer still, die Wände leer und kahl —
Doch kann das einen jungen Geist bezwingen?
Beim frohen Schmaus und unter Trinkgesängen
Entwickelt sich das schönste Bacchanal.
Gewaltig zaubert nun die Phantasie
Wol an die gelben, schmutzbekleckten Wände.
Ringsum um mich her im Kreise sitzen sie
Und kreuzfidel, lustjubelnd, wie noch nie
Vertilgen wir das funkelnd Getränke. —
Und eh noch die Beschwörung wiederholt
Vernimmt man schon der Rundglocke Schellen;

die Schlüssel rasseln, und dem Herrn Pedellen
Zahlt man mit Freuden, was sein Herz begehrt.

Das Ohr vernahm noch immer mit Erstaunen
Als wie im wachen Traume Stück für Stück
Der lauten, fußbeflügelnden Musik
Zum Klang der Cymbeln, Pauken und Posaunen.

O schöner Traum, Du bist dahin, bist nichts.
Wie traurig musstest Du Dich umgestalten!
O, wie beschämend ist es, angesichts
Der ganzen Menschheit Karzer zu erhalten!
Uns schmerzt ja nicht die Kürze zweier Stunden
Wer hat für solches Leid nicht Trost gefunden?
Man kauft sich Brot und eine Flasche Wein.
Die hat man unterm Mantel wohl verborgen
Und frechen Muts, das Herze ohne Sorgen
Tritt in den öden Karzer man hinein.
Das Zimmer still, die Wände leer und kahl-
Doch kann das einen jungen Geist beengen?
Beim frohen Schmaus und unter Trinkgesängen
Entwickelt sich das schönste Bacchanal.
Genossen zaubert uns die Phantasie
Wohl in die gelben, schwarz bekleckten Bänke.
Rings um mich her im Kreise sitzen sie
Und kreuzfidel, lautjubelnd, wie noch nie
Vertilgen wir das funkelnde Getränke. -
Und eh' noch die Besinnung wiederkehrt,
Vernimmt man schon der Sündenglocke Schellen;

Die Schlüssel rasseln, und dem Herrn Pedellen
Zahlt man mit Freuden, was sein Herz begehrt.

So siehst du, hochverehrter Herr Professor,
Wie selten selbst das Mißgeschick uns blüht.
Und dennoch dringt uns, wie ein scharfes Messer
Dein unverdienter Tadel ins Gemüth.
Wir haben lange ungetrübt genossen
Das Glück, das uns dein Unterricht verschafft.
Der erste Fall nun, den du streng bestraft,
Trifft nun, da bald das letzte Jahr verflossen.
Das ist es, was uns in der Seele kränket,
Daß du dir selber untreu werden mußt.
Der eignen Fehler sind wir uns wohl bewußt.
Doch schmerzt es uns, daß der auf Strafe denket,
Der uns bis jetzt durch Liebe hat gelenket. —

Leichtsinnig ist die Jugend stets gewesen,
Bösartig aber zeigte sie sich nie:
Wer weiß, wie sie so gut die Hand zu lesen,
Als der, der ihr sanfte Wohlthat angedieh? —
In keinem andern Boden schlägt die Liebe
So schnelle, tiefe Wurzeln, wie in ihr.
Heut siehst du erst der Pflanze zarte Triebe,

Sie blüht empor zu warmer Gegenliebe
Und spät noch trägt sie dankbar Früchte dir. —

Und auch der Leichtsinn wird sich glücklich wenden.
Das Schicksal wirft den Menschen hin und her.
Besucht er längst auch keine Schule mehr,
Die Welt muß die Erziehung noch vollenden.
Ein Jeder wird einmal solid und fest,
Wenn ihn des Lebens rauhe Stürme fassen,
Und wer die Sünde selber nicht verläßt,
Wird von der Sünde endlich doch verlassen. —

So siehst Du, hochverehrter Herr Professor,
Wie golden selbst das Missgeschick uns blüht.
Und dennoch dringt uns wie ein scharfes Messer
Dein wohlverdienter Tadel ins Gemüt:
Wir haben lange ungetrübt genossen
Das Glück, das uns Dein Unterricht verschafft.
Der erste Fall nun, den Du streng bestraft,
Tritt ein, da bald das letzte Jahr verflossen.
Das ist es, was uns in der Seele kränket,
Dass Du Dir selber untreu werden musst.
Der eignen Fehler sind wir wohl bewusst.
Drum schmerzt es uns, dass der auf Strafe denket
Der uns bis jetzt durch Liebe hat gelenket.-
Leichtsinnig ist die Jugend stets gewesen,
Bösartig aber zeigte sie sich nie:
Wer weiß, wie sie, so gut die Hand zu lesen,
Von der ihr sanfte Wohltat angedieh?-
In keinem andern Boden schlägt die Liebe
So schnelle, tiefe Wurzeln, wie in ihr.
Heut siehst Du erst der Pflanze zarte Triebe;

Sie blüht empor zu warmer Gegenliebe
Und spät noch trägt sie Dankesfrüchte Dir. -
Und auch der Leichtsinn wird sich glücklich wenden.
Das Schicksal wirft den Menschen hin und her.
Besucht er längst auch keine Schule mehr,
Die Welt muss die Erziehung noch vollenden.
Ein jeder wird einmal solid und fest,
Wenn ihn des Alters grause Schauer fassen,
Und wer die Sünde selber nicht verlässt,
Wird von der Sünde endlich doch verlassen.-

So stehe ich nun vor dir mit dem Gedicht,
Daß nun von deiner Huld Verzeihung werde.
Vertrauend schau' ich zu dir aufgericht,
Nicht irrt der zage Blick mehr auf der Erde.
Aus deinen Mienen leuchtet Freundlichkeit;
O sprich sie aus, daß sich dein Herz entlade,
Und daß auch mich von banger Pein befreit;
Und auf das Auge der Gerechtigkeit
Drück' einmal noch den Finger deiner Gnade! —

In aller Ergebenheit

Dein dich liebender Schüler.

XII 83.

So stehn wir nun vor Dir mit dem Gedicht,
Dass uns von Deiner Huld Verzeihung werde.
Vertrauend schaun wir Dir ins Angesicht,
Nicht irrt der zage Blick mehr auf der Erde.
Aus Deinen Mienen leuchtet Freundlichkeit;
O sprich sie aus, dass sich Dein Herz entlade,
Und dass auch wir von banger Pein befreit;
Und auf das Auge der Gerechtigkeit
Drück einmal noch den Finger Deiner Gnade! -

In aller Ergebenheit

Deine Dich liebenden Schüler[22]

XII 1883

Wiedersehn.

Der holde Frühling kam heran,
Der Winter ward vertrieben;
Das Eis zerschmolz, der Schnee zerann,
Der noch zurück geblieben.

Da lag der goldne Sonnenschein;
Auf Berg und Thal erglänzt' er,
Und leuchtet mir ins Herz hinein;
Ich öffnete das Fenster.

Und auf dem ersten Frühlingshauch,
Den ich darob verspühret,
Kam meine liebe Muse auch
Durchs Fenster galoppiret.

Wiedersehn

Der holde Frühling kam heran,
Der Winter ward vertrieben;
Das Eis zerschmolz, der Schnee zerrann,
Der noch zurück geblieben.

Da lag der gold'ne Sonnenschein;
Auf Berg und Tal erglänzt' er,
Und leuchtet mir ins Herz hinein;
Ich öffnete das Fenster.

Und auf dem ersten Frühlingshauch,
Den ich darob verspüret,
Kam meine liebe Muse auch
Durchs Fenster galoppieret.[23]

Hauptmanns Leiden

Leb denn wohl, wir müssen scheiden.
Aber hör, vergiß mein nicht!
Daß ich später mich dann wieder
Wieder an dem Angesicht.
Ach, ich konnt nicht besser zielen,
Als nach deinem Herzen hin,
Und mir zeigst du selbst [illegible]
Daß ich dir noch teuer bin.
Du hast deine Liebe zu wenig versteckt
Ach [illegible], ach [illegible]! wir sind entdeckt.

Alle verfolgt man unsere Pfade,
Niemals waren wir allein,
Ja selbst auf der Promenade
Kann man nicht beisammen sein.
[illegible] hat [illegible] Grüße
Man zu einem Rendez-vous
Doch dann kam [illegible] die böse
Oder der [illegible].
Und in der Schule tönt [illegible]:
„[illegible], [illegible] … , [illegible]!"

Mag da kommen, was da wolle,
Bleibe liebend und gescheidt.
Ob die böse [illegible] grolle,
Ob [illegible] zum Himmel schreit.
Schenk mir deine selten Blicke,
Denk an mich von Zeit zu Zeit,
Ich auch denk an dich zurück
Bleibe liebend und gescheidt!
Unverstand, ach wer kennt es!
Amantes amentes!

Hauptmann's Leiden

Leb denn wohl, wir müssen scheiden.
Aber hör, vergiss mich nicht!
Dass ich später mich kann weiden
Wieder an dem Angesicht.
Ach, ich konnt nicht besser zielen,
Als nach Deinem Herzen hin,
Und mir zeigt Dein holdes Schielen
Dass ich Dir noch teuer bin.
Du hast Deine Liebe zu wenig versteckt.
Weh uns, weh uns! Wir sind entdeckt.

Stets verfolgt man uns're Pfade,
Niemals waren wir allein,
Ja selbst auf der Promenade
Konnt man nicht beisammen sein.
Öfters lud des Guaders Größe
Man zu einem Rendezvous.
Doch dann kam Bertha die Böse
Oder der Spion dazu.
Und in der Schule ertönt das Gebrumm:
„Kehr um, B....., kehr um!“

Mag da kommen, was da wolle,
Bleibe liebend und gescheit.
Ob die böse Bertha grolle,
Ob hl. Thut gen Himmel schreit.
Schenk mir Deine holden Blicke,
Denk an mich von Zeit zu Zeit;
Ich auch denk an Dich zurücke
Bleibe liebend und gescheit!
Unser Band, ach man kannt es!
Amantes amantes!

Ewig werde ich verfluchen
Diese Leute und Thiere.
Werde noch nach Jahren suchen
Auszugießen ihren Lohn.
[illegible] Wolf und Drache
[illegible] im Zerstörungsglanz.
Doch es kommt der Tag der Rache,
Und die Eumeniden nahe
Trotz des Drachen, dessen Auge wacht,
Ruf ich: „Liebe Sonne, gute Nacht."

Juli 1878.

Ewig werde ich verfluchen
Böse Bertha und Spion.
Werde noch nach Jahren suchen
Auszuzahlen ihren Lohn.
Eng verbunden Molch und Drache
Brüten am Zerstörungsplan.
Doch es kommt der Tag der Rache,
Und die Eumeniden nahn.
Trotz des Drachen, dessen Auge wacht,
Ruf ich: „Liebe Fanny, gute Nacht."[24]

Juli 1878

Ein Nachtabentheuer
erlebt von
Ritter Heinrich und seinem Schildknappen Werner.

Seht ihr dort die grauen Gespenster
Schleichen durch die Nacht.
Vor Louisens Kammerfenster
Wird jetzt halt gemacht.

Zwölf mal fällt der Hammer nieder
Auf der Kirchenuhr;
Leise schallen Liebeslieder
Tönt ein Liebesschwur.

Eine Leiter holt man schnelle
Auf der nächsten Wiese;
Nun besteigt sie auf der Stelle
Und ruft: Komm, Louise!

Plötzlich öffnet sich das Fenster
In dem Mondenschein
Und die beiden Nachtgespenster
Steigen zu ihr hinein.

Ein Nachtabenteuer
erlebt von
Ritter Heinrich und seinem Schildknappen Werner

Seht ihr dort die zwei Gespenster
Schleichen durch die Nacht.
Vor Luisen's Kammerfenster
Wird jetzt Halt gemacht.

Zwölf mal fällt der Hammer nieder
Auf der Kirchenuhr;
Leise schallen Liebeslieder
Tönt ein Liebesschwur.

Eine Leiter holt man schnelle
Auf der nächsten Wiese;
Man besteigt sie auf der Stelle
Und ruft: Komm, Luise!

Plötzlich öffnet sich das Fenster
In dem Mondenschein
Und die beiden Nachtgespenster
Steigen gern hinein.

„Kommt herein, geschwind und stille!"
Ruft das süße Kind,
Und des Nachtgewändleins Hülle
Flattert in dem Wind.

Heinrich drückt sie an das Herze,
Sie erwärmt es nicht.
Warum zündet er die Kerze,
Daß es werde Licht.

„O, wie süß ist's doch zu leben
„Hier an deiner Brust"
Spricht er. Und sie noch getrieben,
Ist nur unbewußt.

Morgen graut. Bald die Freuden
Jetzt die Sonne scheint.
Doch der Liebende muß scheiden,
Und Louise weint.

„Kommt herein, geschwind und stille!“
Ruft das süße Kind,
Und des Nachthemds leichte Hülle
Flattert in dem Wind.

Heinrich drückt sie an das Herze,
Sie verwehrt es nicht.
Werner zündet an die Kerze,
Dass es werde Licht.

„O, wie süß ist's doch zu lieben
Hier an Deiner Brust“
Spricht er. Was sie noch getrieben,
Ist mir unbewusst.

Morgen graut; Auf die Freuden
Jetzt die Sonne scheint.
Doch der Liebende muss scheiden,
Und Luise weint.

Vögel singen in den Zweigen.
Heinrich, ganz entzückt
Will die Leiter niedersteigen,
Doch, die ist entrückt.

Hier muß die Geschichte schweigen
Niemand hat's gesehn.
Heinrichs blaue Lenden zeigen,
Was hierauf geschehn.

Juli 1879

Vögel singen in den Zweigen.
Heinrich, ganz entzückt
Will die Leiter niedersteigen,
Doch, die ist entrückt.

Hier muss die Geschichte schweigen
Niemand hat's gesehn.
Heinrichs blaue Beulen zeigen,
Was hierauf geschehn.[25]

Juli 1879

3. Schwärmerische Liebesgedichte

Noch ehe Franklin als Schuljunge seine Sprachgewandtheit erwirbt, besitzt er eine unglaubliche Versgewandtheit, die ihn zu Briefgedichten in jeglicher Form drängt. Dabei zeigt sich, dass die holprige Ausdrucksweise der frühen Dichtungen immer mehr einem geschliffenen Stil weicht. Seine schwärmerische Lyrik schreibt er jetzt an jedes weibliche Wesen, das seine Phantasie erregt. Solch harmlose Liebespoeme aus jenen Tagen sind *Die Liebe* (S. 52) und *Das Ideal* (S. 54). In diesen Liedern preist er die Liebe als das höchste Gut. Auch *Liebesklänge* (S. 56), ein Dialog zwischen Leonie und dem Chor der Musen, fügt sich in diesen sinnlichen Reigen, in dem die Liebe einen romantischen Anschein erweckt und keinerlei triebhafte Züge erkennen lässt. Hiervon unterscheidet sich seine spätere Sichtweise in dem Poem *Liebe* (S. 108), in dem uns der Autor zeigt, dass die bürgerliche Ehe die Partner von allen Trieben befreien kann und damit die erotische Liebe unmöglich macht. Ein Anliegen, das Franklin immer wieder aufgreifen wird.

Die meisten frühen Gedichte zeichnen sich jedoch durch ein positives Weltbild und eine unbeschwerte und träumerische Stimmung aus. Dieser Richtung lässt sich auch das Liebesgedicht *An L.B.* (S. 58) zuordnen, in dem er die innig Geliebte vom Nordseestrand bis zum Südpol verfolgt, da es für ihn kein schöneres Glück auf Erden gibt, als in ihrer Nähe zu sein. Dennoch droht er dem heißgeliebten 'teuren Fräulein', dass sie im Falle unerwiderter Liebe in der Zeitung lesen könne, wo ein Lebensmüder sein Grab gefunden hätte. Einen ähnlich morbiden Hauch verbreitet auch das Liebeslied *An R.M.* (S. 64), in dem ihm die Geliebte in finstrer Nacht gleich einem hellen Blitz erscheint und er sich als Sklave Amors von dessen Pfeilen durchbohrt fühlt. Trotz allem Liebesglück sieht er den Trost nur in der Ewigkeit und fordert Amor auf, noch zu warten, bis er im 'kühlen Grab' liege.

In Analogie zu der Legende von Hameln bezeichnet die Schulfreundin Sophie Marti Franklin als 'Rattenfänger'. Siebzehn Jahre lang ist Lenzburg verzaubert. Siebzehn Jahre lauscht das Städtchen seinen Flötentönen und tanzt die Jugend nach seiner Pfeife. Der Jugendfreundin haben wir es zu verdanken, dass die poetischen Spuren aus Franklins Jugendjahren nicht verloren gingen. In ihrem Nachlass finden sich zahlreiche Gedichte, die sie von ihm aufbewahrt hat.

Das mehrseitige Versepos *Eine ästhetische Caffeevisite* (S. 69) hat Franklin, wie das Deckblatt verrät, seiner Cousine Minna von Greyerz 1884 gewidmet. In diesem Epos bahnt sich bereits der Übergang von der spielerischen Verskunst zum dramatischen Werk an. Die 'ästhetische Caffeevisite' ist eigentlich eine bühnenreife Farce, auf die Kunstbeflissenheit der Cousine und der 'Lenzburger Dichterschule'. Als 'schöne Göttin Poesie' wird sie allegorisch überhöht dargestellt. Während sie mit der Laute singt, ist der Vetter von ihrem wundervollen Gesang überwältigt, kocht Kaffee und setzt sich zu ihr. Ein erster Missklang kommt auf, nachdem die

Cousine Tanzmusik spielt und sich Franklin an seine dürftigen Tanzversuche mit der 'Bundesschwester' Anny Barck erinnert. Im Liebesglück präsentiert ihm die Cousine ihr Poesiealbum mit eigenen Gedichten. Dies führt zu einem abrupten Stimmungswechsel, da er einerseits den 'Pessimismus' in ihren Zeilen vermisst und andererseits ihrem Wunsch um Eintrag in ein Poesiealbum mit 'Abziehbildern' nicht nachkommen möchte. Nach einer längeren Diskussion wendet man sich der dampfenden Kaffeetasse zu, um sich noch über den 'Weltschmerz' auszulassen. Am Ende stellt man verwundert fest, dass die ganze Poesie entschwunden ist.

Zum Maßstab für das neue Empfinden wird für Franklin vor allem Heinrich Heine, der die Gefühlsinnigkeit der romantischen Tradition ablösen möchte. Dabei wird der Eros zum Schlüssel für die persönliche Menschwerdung. Im Gedicht *Schluss* (S. 104) zieht Franklin in ironischem Ton einen vorläufigen Strich unter das lyrische Frühwerk. Gleichzeitig weist er darauf hin, dass er viele Bogen Makulatur geschrieben habe, 'wer weiß, zu was sie noch nützet?' Hiermit gibt er uns einen deutlichen Hinweis auf seinen 'Steinbaukasten', in dem er seine Gedichte auf Vorrat sammelt, um sie später in seinen Bänkelliedern oder Dramen wieder zu verwenden. Auch wenn er betont, 'das Dichten sei keine Kunst', meint er dies nicht als Scherz, sondern als Signal des Aufbruchs. Das Gedicht nach dem Vorbild überlieferter Sprachmuster geschrieben, wird jetzt zur Parodie. Wenn er in dem gleichen Gedicht betont, er sei 'unschuldsvoll gewesen und wusste nichts davon, bis er Wielands Oberon und Heines Gedichte gelesen', ist dies ein weiterer Hinweis auf sein dichterisches Vorbild. Die ironische Ausdrucksweise Heines, die wir in seinen Gedichten finden, bewährt sich bereits in Lenzburg als ein besonderer Effekt im Hinblick auf sein Publikum. Auch die *Mahnung* (S.118), das spätere 'Erdgeistlied', bezieht sich deutlich auf Heines *Deutschland, ein Wintermärchen*. Ganz im Sinne seines Lehrmeisters zeigt uns dieses Werk den direkten Weg zum irdischen Himmelreich. Wedekind wählt später mehrere Gedichte davon aus, die reif waren für seine erste große Anthologie *Die vier Jahreszeiten,* darunter *Galathea, Erdgeist* und *Der blinde Knabe*. Hier ein Auszug aus dem letztgenannten Gedicht:

O ihr Tage meiner Kindheit,
Nun dahin auf immerdar,
Da die Seele noch in Blindheit,
Noch voll Licht das Auge war:
Meine Blicke ließ ich schweifen
Jedem frei ins Angesicht;
Glauben galt mir für Begreifen
Und Gedanken kannt ich nicht... [...]

Mußt ich doch die Welt verachten,
Die mir Gottes Garten schien,
Denn die Guten läßt er schmachten,

Und die Bösen preisen ihn.
Freude, Lust und Ruh' vergehen -
O, wie wohl war einst dem Kind!
Meine Seele hat gesehen,
Meine Augen wurden blind![26]

Franklins unerhörte Fertigkeit, Kneipenlyrik aus dem Ärmel zu schütteln, macht ihn zu einer Berühmtheit unter seinen Mitschülern. Am populärsten wird der *Galathea*-Komplex, auch *Bucolica*[27] genannt, der im Sommer 1881 an den sonnigen Berghängen von Schloss Lenzburg entsteht. Nachdem Franklin Ostern nicht versetzt und wegen ungebührlichen Verhaltens von der Schule verwiesen wird, erhält er bis zum Spätsommer Privatunterricht. Dabei nutzt er jede Gelegenheit, um seine erste größere Dichtung fertig zu stellen. Dies belegt ein Briefe vom 24. Juni 1881 an Oskar Schibler.[28] Hier an den idyllischen Hängen des Schlossberges entsteht ein komplexes dichterisches Gebilde, in den *Gesammelten Werken* als *Felix und Galathea* bekannt.

Schloss Lenzburg mit seinen lieblichen Hängen

Franklin versucht Leben und Sexualität aus der Perspektive des anderen Geschlechts zu erfahren und schafft sich deshalb in seiner Phantasie für seine Schäferspiele die ideale Begleiterin, Galathea. Da sich keine von Lenzburgs Töchtern dazu herablassen will, die Stricknadel mit dem Hirtenstab zu vertauschen, ist sie von nun an in seinem Geiste die ideale Begleitern. Mit ihr sitzt er an schönen Sommertagen an den Hängen des Burgberges, hütet in Ermangelung von Schafen die Schlossesel und träumt in schönen Versen davon, wie Amor die Königin seines Herzens mit seinen Pfeilen traktiert. Er ist überzeugt, dass er von seinem Pessimismus geheilt sei und sich ab jetzt den schönen Seiten des Lebens zuwenden könne. Das 'Präludium' schildert, wie dieses schöne Lied aus der Situation heraus entstanden ist:

Es graut der Morgen und die Sterne sinken,
Bis alle in der kalten Flut ertrinken.
Die große Sonne majestätisch brennt
Schon feuerrot am fernen Firmament.
Kalliope, die schönste der neun Musen,
Erhebt sich in der goldnen Strahlen Schein
Von ihrem Lager und ihr stolzer Busen
Saugt lechzend frische Morgendüfte ein... [...]
Sie singt von Felix, einem Hirtenknaben,
Von Galathea einer Schäferin...[...]

Im anschließenden 'Chor der Alten' vernehmen wir das künftige Geschehen:

Majestätisch und mit Schweigen
Treten leise wir hervor,
Rufend, aufgestellt im Reigen:
Galathea, sieh dich vor!
Hör uns alte Greise an,
Die wir in der Zukunft lesen,
Was schon öfter da gewesen
Und auch dir passieren kann.
Siehst du jenen bleichen Knaben
Hinter seinen Schafen traben?
Galathea, siehst du nicht,
Daß er mit sich selber spricht?
Mit der Zunge, wie vor Hitze,
Leckt er sich die Nasenspitze.
Felix nennt der Knabe sich;
Galathea, hüte dich!
Sieh, er schmiedet seine Pläne,
Kommt dann in dem Kleid des Schafes,
Stört die Ruhe deines Schlafes,
Plötzlich weist er dir die Zähne
Und bevor du ihm entflohn,
Beißt er dir die Kehle schon.
Drauf packt er dich bei den Händen,
Um sein Mordwerk zu vollenden;
Deine Glieder strampeln noch,
Aber er bekommt dich doch.
Plötzlich fühlst du aus den Knien
Alle Kraft von hinnen ziehen,

Deine Muskeln werden schwach,
Du beschränkst dich auf ein Ach.
Er indes wird immer toller,
Seine Miene sorgenvoller;
Dabei brüllt er wie ein Leu,
Weil ihm das Gefühl noch neu... [...]
Und du küßt ihn mannigfaltig,
Daß er's nur nicht lassen wolle,
Bis sich der erwartungsvolle
Jubel in dir ausgetobt. -
Das ist so in großen Zügen
Das gefährliche Vergnügen,
Dran der bleiche Knabe denkt,
Wenn er seine Schafe tränkt.[29]

Sowohl im anschließenden Zwiegespräch als auch im späteren Zwiegesang zwischen Felix und Galathea werden die Prophezeiungen der 'Alten' wahr. Der Chor der Nymphen und der Nixen berichtet uns, dass sie an diesen Hängen 'seit Jahrtausenden nur verlockende Worte von Lust und Freuden' erlebt hätten. Dennoch legt Felix seine geliebte Schäferin im Finale ins Grab. Damit stehen im Kontrastprogramm unseres Autors Liebe und Tod diametral gegenüber.

Inhaltlich finden sich in diesem Text deutliche Parallelen zur erotischen Literatur der Jahrhundertwende. Somit könnten die 'Bucolica' als Kuriosum und Ausfluss pubertärer Phantasien beiseite gelegt werden, wären sie nicht Anlass zu einem ausgiebigen Briefwechsel, aus dem sich die entscheidende Übergangsphase von der spielerischen Jugendlyrik zu ernsthaften dichterischen Projekten nachweisen ließe. Dabei „definiert Wedekind bereits hier, wie auch in seinen späteren Dramen, das Sexuelle als eine rein biologische Angelegenheit, die mit der Loslösung von Gefühlen zu einer höheren Stufe des Genusses führt".[30] Diese Sichtweise zeigt sich auch in dem Gedicht *Liebe* (S. 108).

Während der Monate der Schulvakanz, in denen Franklin keinen unmittelbaren Kontakt mit seinen Kameraden pflegen kann, findet ein reger Schriftwechsel mit mehreren Schulfreunden und der 'philosophischen Tante' Olga Plümacher statt. Neben der Auseinandersetzung mit seinen dichterischen Produkten führt er auch die Diskussion über Liebe und Freundschaft sowie über philosophische, theologische und ethische Themen fort. Seinem Freund Oskar Schibler beschreibt er am 18. Mai 1881 detailliert seine erzwungene Schäferidylle und empfiehlt sich salopp als

Franklin Wedekind o/g Kater, Schäfer aus der Campania, Privatdozent auf Schloß Lenzburg, Nachtstuhlfabrikant mit Schaukelvorrichtung nebst Familie. In arce veris cum maxima amicitia. Amen![31]

Viele Briefe aus dieser Zeit nehmen kritisch Stellung zu seinen dichterischen Produkten. Der Schulfreund Walter Laué, der zu der Entstehungszeit der *'Bucolica'* bereits in Köln lebt, dürfte der Einzige seiner Kameraden sein, der sich in seinen Briefen positiv zu diesem Werk äußert, wenn er schreibt, „Aarau hat einen der bedeutendsten Dichter dieses Jahrzehnts schmählich verkannt".[32] Nachdem *Galathea* bei Oskar Schibler auf massive Ablehnung gestoßen ist, gelobt Franklin Besserung. Um der Sache doch noch ein gutes Ende zu geben, muss er seine Geliebte im Finale sterben lassen:

> Es streicht durch die Wälder ein kalter Wind,
> Die Blätter fallen herab.
> Und Galathea das süße Kind,
> Ich legte sie eben ins Grab.[33]

Es ist typisch für die frühen Gedichte Wedekinds, dass Liebe und Tod gemeinsam präsent sind. Auch das Element der Qual gehört zu diesem Verständnis dazu. Im Juli 1881 teilt er Oskar Schibler mit, dass die Schäferpoesie nun allemal ein Ende habe:

> Obschon ich Dich sonst aller unchristlichen Gefühle unfähig halte, so glaube ich dennoch, gerechten Grund zu haben, wenn ich annehme, Dir eine erfreuliche Nachricht zu bringen, indem ich Dir den Tod meiner Galathea verkünde. - Du und Deine Briefe tragen die schreckliche Schuld Ihres Mordes, und Ihr werdet sehen, wie Ihr Euch am Tage des Zorns verantworten wollt.[34]

Oskar Schibler wird bald nur noch in der Erinnerung Franklins weiterleben. Die Korrespondenz wird noch eine Zeit lang ohne größeres Echo fortgeführt. In Schiblers Nachlass befinden sich Postkarten, die Wedekind zunächst an 'Herrn Oberrichter' und später an 'Herrn Regierungsrat' adressiert und aus denen hervorgeht, dass sich die Freunde mehr als zwanzig Jahre nicht mehr gesehen haben. Dennoch bleiben die Spuren dieser Jugendfreundschaft aus Franklins frühester Dichtung bis heute erhalten.

Oskar Schibler

Auch der Schulfreund Adolph Vögtlin ist mit dem dichterischen Ergebnis der 'Bucolica' nicht einverstanden Er findet sie zu niedlich und zu seicht und verweist auf Schiller als Beispiel dafür, wie die große Leidenschaft bekämpft werden müsse. Wie er Franklin schreibt, möchte er seine Poesie nicht weiter an ihn verschwenden, bis dieser bewiesen habe, dass er Besseres leisten könne. Wedekind ist betroffen und in seiner Ehre tief gekränkt, von einem geliebten Freund derart verletzt zu werden. Er kann die Verachtung des Freundes nicht ertragen und verfasst spontan das Gedicht *Die Rache* (S. 110), in dem er seinem Freund den Todesstoß gibt. Dennoch verspricht er ihm, künftig nicht mehr in den unreinen Tönen tierischen Genusses zu dichten, sondern seinen Pegasus ein wenig höher zur Sonne fliegen zu lassen, wo er keine Gefahr mehr läuft, auf schlüpfrigem Boden auszurutschen.

Der Schlosshof mit Turmzimmer, Ostbastion, Uhrenturm, Palace und Bergfried

Vögtlin wird Gymnasiallehrer und später Professor für Germanistik in Zürich. In dieser Eigenschaft verfasst er u.a. eine *Geschichte der deutschen Dichtung*, in der er sich selbst mehrmals zitiert, seinen Lenzburger Schulfreund Frank Wedekind jedoch als ernst zu nehmenden Autor völlig vergisst.[35]

Es ist bezeichnend, dass Wedekinds Hang zu literarischen Unternehmungen ihn ein Leben lang in einer Gruppe von Gleichgesinnten agieren lässt. Sei es in der Jugendzeit im Lenzburger 'Dichterbund', als Kneipenlyriker des Aarauer 'Senatus poeticus', als Anführer des geheimen Dichterbundes 'Fidelitas', als Autor beim 'Simplicissimus' oder auch bei den 'Elf Scharfrichtern' in München. Was die Namen seiner Geliebten betrifft, bleibt seine Verschleierungstechnik ebenso typisch für ihn wie sein Arbeiten unter einem Pseudonym.

Lenzburger Wochenmarkt in der Rathausgasse, 1912

Die Liebe

Ein unsichtbares Band
Kenn ich in der Menschenwelt.
Sie verbindet alle Lande,
Man erkauft sie nicht für Geld
Denn es ist ein höheres Streben
In dem niedern Menschenleben.
Sie vermag den Mensch zu leiten
In den schwersten Schwierigkeiten,
Und in den Verzweiflungsstunden
Überdeckt sie alle Wunden. —
Dieses edle Band
Zu zerstören, das ist Schand.
Keine Strafen dafür finden
Solchen Frevel sühnen werden. —
Niemand hat dies Band verwunden;
Es bringt einen schönen Frieden,
Den ich zu den süßesten zähle,
Einen Frieden mit der Seele.
Und wenn nichts auf Erden bliebe,
~~[illegible]~~ noch, es ist die Liebe.

Juli 1877

Die Liebe

Eine unsichtbare Bande
Kenn ich in der Menschenwelt.
Sie verbindet alle Lande,
Man erkauft sie nicht für Geld
Denn es ist ein höheres Streben
In dem niederen Menschenleben.
Sie vermag den Mensch zu leiten
In den schwersten Schmerzenszeiten,
Und in den Verzweiflungsstunden
Übertönt sie alle Wunden. -
Diese ideale Bande
Zu zerstören, das ist Schande.
Keine Strafen dieser Erden
Solchen Frevel sühnen werden. -
Niemand hat dies Band vermieden;
Es bringt einen hohen Frieden,
Den ich zu den höchsten zähle,
Einen Frieden mit der Seele.
Und wenn nichts auf Erden bliebe,
Bleibt das noch, es ist die Liebe.[36]

Juli 1877

Das Ideal.

Mein Liebchen hat ein Ideal,
Das ihre Brust bewegt.
Sie denkt es sich wol jedes Mal,
Wenn sie zu ~~Bett~~ zu Ruh sich legt.

Dann schliesst sie ihre Augen mild
Und wartet still vergnügt,
Bis sie mit dem geliebten Bild
In wonnigen Träumen liegt.

Auf weichem Lager schlummert sie
Voll seliger Liebeslust,
Und gold'ne Gedanken umgaukeln ihr die
Entfesselte Schwanenbrust. —

Das Ideal

Mein Liebchen hat ein Ideal,
Das ihre Brust bewegt.
Sie denkt es sich wohl jedes Mal,
Wenn sie zu Ruh sich legt.

Dann schließt sie ihre Augen mild
Und wartet still vergnügt,
Bis sie mit dem geliebten Bild
In wonnigen Träumen liegt.

Auf weichem Lager schlummert sie
Voll seliger Liebeslust,
Und gold'ne Gedanken umgaukeln ihr die
Entfesselte Schwanenbrust.- [37]

Liebesklänge.

Leonie: Steige hernieder,
Bring deine Lieder,
Göttliche Muse, du Himmelskind!
Komme, du Vertraute,
Reich mir die Laute,
Lehre mich, wie man die Liebe findet.

Chor der Musen: Lockend ergreift sie den Menschen im Herzen,
Wurzelt in ihm und läßt ihn nicht los.
Und indem er glaubt nur zu scherzen,
Wächst sie unendlich, riesengroß —
Liebe wird plötzlich sein einziger Gedanke
Und er folgt dem bezaubernden Licht,
Und berauscht von dem Himmelstranke
Schreibt er ein wunderschönes Gedicht.

August 1878.

Dazu weiteres [illegible]: v. [illegible].

Liebesklänge

Leonie:

Steige hernieder,
Bring Deine Lieder,
Göttliche Muse, Du Himmelskind!
Komm, Du Vertraute,
Reich mir die Laute,
Lehre mich, wie man die Liebe findt.

Chor der Musen:

Lockend ergreift sie den Menschen im Herzen,
Wurzelt in ihm und lässt ihn nicht los.
Und indem er glaubt, nur zu scherzen,
Wächst sie unendlich, riesengroß. -
Liebe wird plötzlich sein einzger Gedanke.
Und er folgt dem bezaubernden Licht,
Und berauscht von dem Himmelstranke,
Schreibt er ein wunderschönes Gedicht.[38]

August 1878

An L. B. [Urfassung in Kurrent]

Länger kann mein Herz ich nicht bezähmen,
Ach du lieber Gott! ich that es nie.
Doch Sie müssen es nicht übel nehmen,
Aber ich gestehe, ich liebe Sie.
Ja, ich liebe Sie zum rasend werden.
Und vom Südpol bis zum Nordpolstrand
Ist kein schöneres Glück auf dieser Erden,
Als ich Ihnen als die Liebe fand.

Ob ich gehe, stehe, liege, sitze,
Ob ich einen Aufsatz schreiben soll,
Ob ich bei Latein und Griechisch schwitze,
Stets erscheint Ihr Bild mir liebevoll.
Und wenn ich Sie auf der Straße sehe,
Dann ergreift es mich, ich weiß nicht wie.
Dann wird es mir klar und ich gestehe
Ihnen noch einmal, ich liebe Sie.

An L.B.

Länger kann mein Herz ich nicht bezähmen,
Ach du lieber Gott! Ich tat es nie.
Doch Sie müssen es nicht übel nehmen,
Aber ich gestehs, ich liebe Sie.
Ja, ich liebe Sie zum rasend werden.
Und vom Südpol bis zum Nordseestrand
Ist kein schönes Glück auf dieser Erden,
Das ich teurer als die Liebe fand.

Ob ich gehe, stehe, liege, sitze,
Ob ich einen Aufsatz schreiben soll,
Ob ich bei Latein und Griechisch schwitze,
Stets erscheint Ihr Bild mir liebevoll.
Und wenn ich Sie auf der Straße sehe,
Dann ergreift es mich, ich weiß nicht wie.
Dann wird es mir klar und ich gestehe
Ihnen noch einmal, ich liebe Sie.

Doch was helfen mir die vielen Klagen?
Und was nützt mir mein Traurigsein? —
Theures Fräulein, dürfte ich Sie fragen,
Ob Sie mich durch Gegenlieb' erfreun? —
Könnte ich auf Ihre Liebe hoffen?
O, ich bitte, sagen Sie doch „Ja".
Dann säh' ich den schönsten Himmel offen
Und die ew'ge Seligkeit wär nah.

Gestern in des Abends stiller Kühle
Hatt' ich eine Rede einstudirt,
Und des Herzens heiligste Gefühle
In den schönsten Worten ausgeführt.
Doch als ich Sie sah — o, das ist schrecklich —
Da war wieder aller Muth dahin,
Und von meiner wunderschönen Rede
Kam mir keine Sylbe in den Sinn.

Doch was helfen mir die vielen Klagen?
Und was nutzet mir mein Traurigsein? -
Teures Fräulein, dürfte ich Sie fragen,
Ob Sie mich durch Gegenlieb' erfreun? -
Könnte ich auf Ihre Liebe hoffen?
O, ich bitte, sagen Sie doch „Ja",
Dann säh ich den schönsten Himmel offen
Und die ew'ge Seligkeit wär nah.

Gestern in des Abends stiller Kühle
Hatt ich eine Rede einstudiert,
Und des Herzens heiligste Gefühle
Zu den schönsten Worten ausgeführt.
Doch als ich Sie sah - o, das ist schnöde -
Da war wieder aller Mut dahin,
Und von meiner wunderschönen Rede
Kam mir keine Silbe in den Sinn.

Bitte, o Fräulein, werden Sie verzeihen,
Wenn ich Ihnen schreibe jetzt einmal,
Um das bange Herze zu befreien
Von der [illegible] enger Qual.
Und wenn Sie mir nicht zu schreiben denken,
[illegible] soll ein liebevoller Blick,
Den Sie mir so im Vorbeigehn schenken,
[illegible] sein von meinem größten Glück.

Aber wenn mein Herz zu Ruhe gewesen,
Wenn Sie Ihre Blicke wenden ab,
Werden bald Sie in der Zeitung lesen
Wo ein Lebensmüder fand sein Grab.
Und verzeihen Sie noch das Geschmiere,
Und beglücken Sie mich doch [illegible].
Dann bleibt liebend ewig der Ihre
Vulgo Kater F. W.

Februar 1880.

Drum, o Fräulein, werden Sie verzeihen,
Wenn ich Ihnen schreibe jetzt einmal,
Um das bange Herze zu befreien
Von der Ungewissheit ewger Qual.
Und wenn Sie mir nicht zu schreiben denken,
Nun, so soll ein liebevoller Blick,
Den Sie mir so im Vorbeigehn schenken,
Bote sein von meinem größten Glück.

Aber wenn mein Herz zu kühn gewesen,
Wenn Sie Ihre Blicke wenden ab,
Werden bald Sie in der Zeitung lesen
Wo ein Lebensmüder fand sein Grab.
Und verzeihen Sie noch dies Geschmiere,
Und beglücken Sie mich doch geschwind.
Dann bleibt liebend ewiglich der Ihre
Vulgo Kater F.W.[39]

Februar 1880

An R. M.

Mädchen, warum bist du mir erschienen
Gleich ein heller Blitz in finstrer Nacht?
Warum haben deine holden Mienen
Mich zu einem Liebenden gemacht.

Gestern lebt ich glücklich und in Frieden.
Heut geb der Verzweiflung ich mich hin,
Denn das höchste Glück ist mir beschieden,
Dessen tiefster Sklave ich nun bin.

Frei und froh ging einst ich durch das Leben,
Wanderte nach Lust von Stadt zu Stadt.
Nie entwich ich mich aus den Geweben,
Die der schönste Gott geflochten hat.

Aber ach, wohin soll das noch führen?
Deine Nähe ist alle Unmöglichkeit.
Denn der Liebe weist man heute die Thüren
Und der Trost liegt in der Ewigkeit.

An R.M.

Mädchen, warum bist Du mir erschienen
Gleich ein heller Blitz in finstrer Nacht?
Warum haben Deine golden Mienen
Mich zu einem Liebenden gemacht.

Gestern lebt ich glücklich und in Frieden.
Heut gab der Verzweiflung ich mich hin,
Denn das höchste Glück ist mir beschieden,
Dessen tiefster Sklave ich nun bin.

Frei und froh ging einst ich durch das Leben,
Wanderte nach Lust von Stadt zu Stadt.
Nie erlös ich mich aus den Geweben,
Die der schönste Gott geflochten hat.

Aber ach, wohin soll das noch führen?
Leerer Wahn ist alle Menschlichkeit.
Denn der Liebe weist man früh die Türen
Und der Trost liegt in der Ewigkeit.

Amor, warum drückst du deine Pfeile
Auf uns arme Menschenkinder ab?
Warte doch noch eine kleine Weile!
Warte doch noch bis ins kühle Grab,

Bis aus diesem irdischen Getümmel,
Wo die Liebe jeder [illegible],
Unsere Seele in den schönsten Himmel,
Zu dem ewgen Sternlicht sich rafft.

Januar 1880

Amor, warum drückst Du Deine Pfeile
Auf uns arme Menschenkinder ab?
Warte doch noch eine kleine Weile!
Warte doch noch bis ins kühle Grab,

Bis aus diesem irdischen Getümmel,
Wo die Liebe jeder Lump begafft,
Unsre Seele in den schönsten Himmel,
In das ewge Paradies sich rafft.[40]

Januar 1880

Arbeitszimmer im Schloß mit den Sammlungen von Dr. Friedrich Wilhelm Wedekind

Meiner lieben Cousine
Miña von Greyerz.

Eine ästhetische Caffeevisite.

Wol giebt es Gespenster,
Die schleichen sich sacht
Durch Thüren und Fenster
Zu finsterer Nacht.
Sie kommen und gehen,
Bevor wir erwacht,
Und haben uns häßliche
Träume gebracht. —

Wohl gibt es Gespenster.
Sie schleichen sich sacht
Durch Türen und Fenster
In finsterer Nacht.
Sie kommen und gehen,
Bevor wir erwacht,
Und haben uns herrliche
Träume gebracht. -

Da trat sie ein. In ihren Blicken
Las ich die Freuden dieser Welt,
Auf ihren Lippen das Entzücken,
Das Menschen fest zusammen hält.
Das Diadem in ihrem Haare,
Hell strahlt' es — da erkannt' ich sie,
Die Königin der Jugendjahre,
Die schöne Göttin Poesie.

„O, sei mir tausend Mal willkommen!
Hier steht ein Canapee; komm, setz' dich hin.
Und wenn du artig Platz genommen,
Dann, wunderbare Königin,
Erzähl' mir alles, was seit Anbeginn
Der Zeit, die wir uns nicht gesehen,
In deinem Reiche Interessantes „geschehen."

Die Göttin nahm die Laute von der ...
Und ließ sich nieder auf den Sessel ...

Da trat sie ein. In ihren Blicken
Las ich die Freuden dieser Welt,
Auf ihren Lippen das Entzücken,
Das Menschen fest zusammenhält.
Das Diadem in ihrem Haare,
Hell strahlt' es - da erkannt' ich sie,
Die Königin der Jugendjahre,
Die schöne Göttin Poesie.

„O, sei mir tausendmal willkommen!
Hier steht ein Canapee; komm, setz' Dich hin.
Und wenn Du artig Platz genommen,
Dann wunderbare Königin,
Erzähl' mir alles, was seit Anbeginn
Der Zeit, die wir uns nicht gesehen,
In Deinen Reichen Interessantes ist geschehen".

Die Göttin nahm die Laute von der Wand
Und ließ sich vornehm auf dem Sofa nieder.

Drauf stimmte ihre kunstgeübte Hand
Die schlaffgewordnen Saiten wieder.
Es rauschten ihre zarten Finger in den Strängen
Mit einer Fertigkeit, die Ihr nicht kennt;
Und aus dem uralten Instrument
Floß ein bewegtes Meer von wundervollen
Klängen.

Jetzt aber leg ich meine Feder hin.
Denn, ach, mit welchen Worten, welchen Bildern
Könnt' ich die zauberhaften Töne schildern,
Die aus der Harf' ihr strömten?! – Nein ich bin
Zu schwach zu solchem Werke. Tiefbeschämt
Laß ich in diesem Fall mein Schweigen reden
Und bitte untertänigst einen Jeden
Von Euch, daß Ihr es mir nicht übel nehmt.
Ich hatte unterdessen den Kaffee
Gekocht, und als er nun tiefbraun und klar
Im feinsten Porzellan bereitet war,
Setzt' ich mich ebenfalls aufs Canapee.
Noch lang und spielte sie geraume Zeit.

Drauf stimmte ihre kunstgeübte Hand
Die schlaffgeword'nen Saiten wieder.
Es rauschten ihre zarten Finger in den Strängen
Mit einer Fertigkeit, die Ihr nicht kennt;
Und aus dem neubelebten Instrument
Floss ein bewegtes Meer von wundervollen Klängen.

Jetzt aber leg ich meine Feder hin.
Denn, ach, mit welchen Worten, welchen Bildern
Könnt' ich die zauberhaften Töne schildern,
Die aus der Kehl' ihr strömten?! - Nein ich bin
Zu schwach zu solchem Werke. Tiefbeschämt
Lass ich in diesem Fall mein Schweigen reden
Und bitte untertänigst einen jeden
Von Euch, dass Ihr es mir nicht übel nehmt.

Ich hatte unterdessen den Kaffee
Gekocht, und als er nun tiefbraun und klar
Im feinsten Porzellan bereitet war,
Setzt' ich mich ebenfalls aufs Canapee.
Noch sang und spielte sie geraume Zeit.

Ich aber, zur Erhöhung der Gemüthlichkeit
hätt' gern mir 'ne Cigarre angezündet.
Jedoch ein Blick von meiner Königin
bracht' unerwartet wieder mir zu Sinn,
daß Rauchen sie höchst unpoetisch findet.

Derweilen war aus stummen Accorden
durch manche Fuge, reich und wundervoll,
Ihr Spiel zur süßen Schwärmerei geworden,
die bald in trübem, gramumwogtem Moll,
bald leichthin tändelnd sich zum Herzen schleicht,
und hat sie dort der Saiten Zarteste erreicht,
dieselben unbarmherzig läßt erklingen,
daß uns die Thränen in die Augen dringen. —
So ging's auch mir: Ich spürte schon das Nasse
im Augenlid. Es war die höchste Zeit;
Sie sollt's nicht sehn. — In der Verlegenheit
Griff hastig ich nach meiner Caffeetasse. —
Was half's? die Göttin hatte sich bereits
Von meiner Rührung schadenfroh gewandt
Und so ihr Ziel erreicht; auch ihrerseits
Sich selbst das Melancholische verleidet.

Ich aber, zur Erhöhung der Gemütlichkeit,
Hätt' gern mir 'ne Zigarre angezündet.
Jedoch ein Blick von meiner Königin
Bracht' unerwartet wieder mir zu Sinn,
Dass Rauchen sie höchst unpoetisch findet.

Derweilen war aus strammen Durakkorden
Durch manche Fuge, reich und wundervoll,
Ihr Spiel zur süßen Phantasie geworden,
Die bald in trübem, grambewegten Moll,
Bald leichthin tändelnd sich zum Herzen schleicht,
Und hat sie dort der Saiten Zarteste erreicht,
Dieselbe unbarmherzig lässt erklingen,
Dass uns die Tränen in die Augen dringen. –

So ging's auch mir: Ich spürte schon das Nasse
Am Augenlid. Es war die höchste Zeit;
Sie sollt's nicht sehn. - In der Verlegenheit
Griff hastig ich nach meiner Kaffeetasse. -
Was half's? Die Göttin hatte sich bereits
An meiner Rührung schadenfroh geweidet
Und so ihr Ziel erreicht; auch ihrerseits
Sich selbst das Melancholische verleidet.

Durch wunderbares Zwischenspiel —
Ich wage nicht, es kritisch zu behandeln —
Ließ sie die sehnsuchtsvollen Klänge voll Gefühl
In eine lustige Tanzmusik sich wandeln.
Da ward mir plötzlich sonderbar zu Muth:
Schnell fuhr ich auf aus düstern Träumen;
Ich sah im Geiste mich in weiten Räumen,
Erhellt durch vieler Lampen lichte Gluth.
Rasch ging der Takt, noch rascher floß mein Blut;
Die Göttin recitirt in schönen Stanzen
Ein Chor, doch ich hörte nur den Schall.
Mir wars, als dürft' ich auf dem Turnerball
Mit Fräulein Derck noch einen Walzer tanzen.
So träumt' ich denn in meinem Geist
Von Walzer, Schottisch, Polonaisen,
Sah, wie der ganze Saal im Wirbel kreist,
Und wie ich selbst der Glücklichste gewesen,
Und wie mir meine gütige Lehrerin
Die kleinen Schritte explicirte,
Und wie ich doch unsterblich mich blamirte,
Da ich durchaus kein leichter Tänzer bin. —

Durch wunderbares Zwischenspiel -
Ich wage nicht, es kritisch zu behandeln -
Ließ sie die Sehnsuchtsklänge voll Gefühl
In eine lust'ge Tanzmusik sich wandeln.
Da ward mir plötzlich sonderbar zu Mut:
Schnell fuhr ich auf aus düst'ren Träumen;
Ich sah im Geiste mich in weiten Räumen,
Erhellt durch vieler Lampen lichte Glut.
Rasch ging der Takt, noch rascher floss mein Blut.
Die Göttin rezitiert' in schönen Stanzen
Ein Epos, doch ich hörte nur den Schall.
Mir war's, als dürft' ich auf dem Turnerball
Mit Fräulein Barck noch einen Walzer tanzen.

So träumt' ich denn in meinem Geist
Von Walzer, Schottisch, Polonaisen;
Sah, wie der ganze Saal im Wirbel kreist,
Und wie ich selbst der Glücklichste gewesen,
Und wie mir meine güt'ge Lehrerin
Die kleinen Schritte explizierte,
Und wie ich doch unsterblich mich blamierte,
Da ich durchaus kein leichter Tänzer bin. -

die Göttin intonirt indessen Stück für Stück
Auf ihrer Laute wie mit Klarinett und Flöten,
Mit Pauken, Cymbeln und Triangeln —
Es war die reinste Regimentsmusik.
Da plötzlich — eben spielte sie
'ne schöne Polkamelodie, —
brach jählings sie mit einem Mißklang ab,
der weithin schrillend durch die Weiten kreischte;
Schnell fiel aus meinem Himmeln ich herab,
da mir der Jammerton das Ohr zerfleischte.
Und als ich vollends dann erwachte,
da saß ich wieder auf dem Canapee
bei meiner Königin. Es dampfte der Kaffee,
Sie aber sah mich höhnisch an und lachte. —

Jedes Ding hat einst ein Ende:
daß ich, statt in schweren Jamben
Weiter meine Verse zu drängen,
Zu versöhnen nun mich wende,
Wird mir gnädigst wol verziehen;

Die Göttin intoniert' indessen Stück für Stück
Auf ihrer Laute wie mit Klarinett' und Flöten,
Mit Pauken, Cymbeln und Trompeten -
Es war die reinste Regimentsmusik.
Da plötzlich - eben spielte sie
'ne schöne Polkamelodie, -
Brach jählings sie mit einem Missklang ab,
Der weithin schrillend durch die Saiten kreischte;
Schnell fiel aus meinen Himmeln ich herab,
Da mir der Jammerton das Ohr zerfleischte.
Und als ich vollends dann erwachte,
Da saß ich wieder auf dem Canapee
Bei meiner Königin. Es dampfte der Kaffee,
Sie aber sah mich höhnisch an und lachte. -

Jedes Ding hat einst ein Ende:
Dass ich statt in schweren Jamben
Weiter meine Bahn zu trampen,
Zu Trochäen nun mich wende,
Wird mir gnädigst wohl verziehen;

denn für solche Gesinnen,
Wie sie mir im Kopfe liegen,
Muß die Feder schneller fliegen
Und mit ganz heiterm Sinne,
Wie die schöne Tänzerin,
Die auf Schillers gottgeweihten
Brettern, die die Welt bedeuten,
Leichten Fußes sich bewegt,
So auf leichten Füßen springen,
daß ihr Tanzen, daß ihr Singen
freudig unser Herz bewegt. —

Ja, ich war auch ganz begeistert:
Eben hallten noch die Klänge
Und der Göttin Tanzgesänge
Meiner Sinne sich bemeistert, —
Doch, da rauschte in mein Ohr
Schon aufs Neu zu unterhalten,
Denn aus des Gewandes Falten
Zog sie nun ein Buch hervor,
Das aufs Schönste eingebunden

Denn für solche Poesien,
Wie sie mir im Kopfe liegen,
Muss die Feder schneller fliegen
Und mit ewig heiter'm Sinn,
Wie die schöne Tänzerin,
Die auf Schillers gottgeweihten
Brettern, die die Welt bedeuten,
Leichten Fußes sich bewegt,
So auf leichten Füßen springen,
Dass ihr Tanzen, dass Ihr Singen
Freudig unser Herz erregt. -

Ja, ich war auch ganz begeistert:
Eben hatten noch die Klänge
Und der Göttin Tanzgesänge
Meiner Sinne sich bemeistert, -
Sieh, da wusste sie mein Ohr
Schon aufs Neu' zu unterhalten,
Denn aus des Gewandes Falten
Zog sie nun ein Buch hervor,
Das aufs Schönste eingebunden

Aber in rothem Saffian,
Und mit Goldschnitt angethan.
Auf der ersten Seite stunden
Manche Wort in großen Lettern,
Daß in diesen Palmenblättern
Uns entdeckt ihr großes Herz
Fräulein Minna von Hoyerz. —

Und gleich sah man, daß ein wilder
Genius in dem Buche weilt',
Denn ohn' Ordnung drinn vertheilt
Waren viele Abziehbilder:
Männer, Frauen, kleine Kinder,
Thiere, Pflanzen und nicht minder
Postillione, Bürstenbinder —
Alles, was der Geist belebt,
Fand man hier in bunten Reihen
Einzeln, paarweis und zu dreien
Durcheinander aufgeklebt.

„Richter, was drinn ist,

War in rotem Saffian,
Und mit Goldschnitt angetan.
Auf der ersten Seite stunden
Wen'ge Wort in großen Lettern,
Dass in diesen Palmenblättern
Uns entdeckt ihr großes Herz
Fräulein Minna von Greyerz. -

Und gleich sah man, dass ein wilder
Genius in dem Buche weilt',
Denn ohn' Ordnung drum verteilt
Waren viele Abziehbilder:
Männer, Frauen, kleine Kinder,
Tiere, Pflanzen und nicht minder
Postillione, Bürstenbinder -
Alles, was den Geist belebt,
Fand man hier in bunten Reihen
Einzeln, paarweis und zu dreien
Durcheinander aufgeklebt.

„Richte, was drin ist,

Nicht nach der Hülle! —
Was voller Sinn ist,
Lebt in der Stille.
Oft trügt, was Klarheit ist,
Närrisch' Gewand.
Wo keine Wahrheit ist,
Wohnt kein Verstand!"

Diese tiefgedachten Worte
Sprach zu mir mit vielem Pathos
Meine Göttin, als ich rathlos
Stand noch an des Buches Pforte
All' die zarten, wundervollen,
Bunten Titelvignetten
Staunenden Munds betrachtete
Und sie halb verachtete. —

Als ich aber mit der Hand
Nun die Blätter umgewandt,
Da entdeckte ich eine Menge
Schöner Lieder und Gesänge,
Sprüche, die von Weisheit schwer,

Nicht nach der Hülle! -
Was voller Sinn ist,
Lebt in der Stille
Oft trägt, was Klarheit ist,
Närrisch' Gewand.
Wo keine Narrheit ist,
Wohnt kein Verstand!"

Diese tiefgedachten Worte
Sprach zu mir mit vielem Pathos
Meine Göttin, als ich ratlos
Stets noch an des Buches Pforte
All' die zarten, wundernetten,
Bunten Titelvinietten
Stummen Mund's betrachtete
Und sie halb verachtete. -

Als ich aber mit der Hand
Nun die Blätter umgewandt,
Da entdeckt ich eine Menge
Schöner Lieder und Gesänge,
Sprüche, die von Weisheit schwer,

Worte, die uns wider Willen
Oft aus tiefstem Herzen quillen
Und noch vieles andre mehr.
Da entdeckte ich Gedanken,
Welche nur in trüben Stunden,
Tief, im Schmerzgefühl der Wunden,
Wenn wir, fast verzweifelnd, wankten,
Aus dem Kopf heraus sich rankten. —
Alles was uns hier im Dasein
Nur bemerkenswerth erscheint,
Mag es ferne, mag es nah sein,
War in diesem Buch vereint. —

Aber als ich nunmehr fragte,
Wie sie denn das alles fände,
Was darin geschrieben stünde,
Hub die Göttin an und sagte:

„Die Sonne sinkt im Westen nieder
Und steigt im fernen Ost empor. —
Ein ganzer Frühling sproßt hervor,
Er grünt und blüht und welket wieder. —

Worte, die uns wider Willen
Oft aus tiefstem Herzen quillen
Und noch vieles andre mehr.
Da entdeckt ich auch Gedanken,
Welche nur in trüben Stunden,
Tief, im Schmerzgefühl der Wunden,
Wenn wir fast verzweifelnd, wanken,
Aus dem Kopf heraus sich ranken. -
Alles, was uns hier im Dasein
Nur bemerkenswert erscheint,
Mag es ferne, mag es nah sein,
War in diesem Buch vereint. -

Aber als ich nunmehr fragte,
Wie sie denn das alles fände,
Was darin geschrieben stände,
Hub die Göttin an und sagte:

„Die Sonne sinkt im Westen nieder
Und steigt im fernen Ost empor. -
Ein ganzer Frühling sprosst hervor.
Er grünt und blüht und welket wieder. -

Auf unveränderlicher Bahn
Ziehen durch den Weltraum die Planeten,
Und ewig singen die Poeten
Von Liebesglück und Liebesweh.

Die Erde fliegt mit ihren Polen
Schon in tausendjähriger Spur.
Das ganze Weltall scheint es nur
Die eignen Wege wiederholen.

Jedoch des Menschen Geist allein
Bleibt immer neu und unergründet.
Was sich in seiner Seele findet,
Das wird dir selbst ein Rätsel sein.

Denn wie der Schiffer auf dem Meer
Vergebens sucht den Grund zu sehen,
So ist's dem Menschen doppelt schwer,
Sein tiefes Herz zu verstehen.

Hier aber tritt es schön zu Tage
Im kunstgerechten Versebau:
Des Lebens Fröhlichkeit und Plage,
Das alles spiegelt sich genau.

Auf unabänderlicher Bahn
Ziehn durch den Weltraum die Planeten,
Und ewig singen die Poeten
Von Liebesglück und Liebeswahn.

Die Erde fliegt mit ihren Polen
Dahin in tausendjähr'ger Spur.
Das ganze Weltall siehst Du nur
Die eig'nen Wege wiederholen.

Jedoch des Menschen Geist allein
Bleibt immer neu und unergründet.
Was sich in Deiner Seele findet,
Das wird Dir stets ein Rätsel sein.

Denn wie der Schiffer auf dem Meer
Vergebens sucht den Grund zu sehen,
So ist's dem Menschen doppelt schwer,
Ein tiefes Herze zu verstehen.

Hier aber tritt es schön zu Tage
In kunstgerechtem Strophenbau:
Des Lebens Fröhlichkeit und Plage,
Das alles spiegelt sich genau.

Du siehst, wie Leidenschaften stürmen
In sturmbewegter Fluthen Gischt;
Bis die Vernunft, die Gluth zu dämpfen,
Mit ihrer Weisheit drein sich mischt.
Auch tiefempfundenen Gewalten
Der Freundschaft kannst du klar ersehn,
Wie sich zwei Herzen eng verhalten,
Die sich begreifen und verstehn.
Wie sich zwei Herzen innig lieben
Und, ob auch Jahre flossen hin,
In unabänderlichem Sinn
Sich ihrer Neigung treu geblieben. —
Zwar sind noch holprig oft die Wege,
Als ging es durch den dichtsten Wald.
Doch steht zu hoffen, daß recht bald
Der kleine Übelstand sich lege.
Hingegen was mir auf der Stelle
Gefiel, und was ich fand noch nie,
Das ist das ganz Originelle
In dieser Freundschaftspoesie:

Du siehst, wie Leidenschaften kämpfen
In sturmbewegter Fluten Gischt;
Bis die Vernunft, die Glut zu dämpfen,
Mit ihrer Weisheit drein sich mischt.

Aus tiefempfundenen Sonetten
Der Freundschaft kannst Du klar ersehn,
Wie sich zwei Herzen eng verketten,
Die sich begreifen und verstehn.

Wie sich zwei Herzen innig lieben
Und, ob auch Jahre fließen hin,
In unabänderlichem Sinn
Sich ohne Wanken treu geblieben. –

Zwar sind noch holprig oft die Wege,
Als ging es durch den dicht'sten Wald.
Doch steht zu hoffen, dass recht bald
Der kleine Übelstand sich lege.

Hingegen was mir auf der Stelle
Gefiel, und was ich fand noch nie,
Das ist das ganz Originelle
In dieser Freundschaftspoesie:

Nichts schwätzt die Dichterin uns her
Von überirdischem Liebeswesen.
Man sieht, sie hat nicht viel gelesen,
doch dafür denkt sie desto mehr.
Auch Pessimismus findest du nicht;
Obschon es Mode jetzt geworden,
daß man von frechen Selbstmorden,
Von tiefer Weltverachtung spricht."

(Ich schlug beschämt die Augen nieder
Als plötzlich ich dies Wort vernahm,
Das ihr aus tiefster Seele kam,
Und dacht' an meine Weltschmerzlieder.)

„Nein, wahre, sittliche Moral,"
Fuhr ungestört die Göttin weiter.
„Und froher Lebensmuth spricht heiter
Aus ihren Worten überall.
Rein sieht man die Gedanken quillen,
Die Form zwar könnte besser sein.

Nichts schleppt die Dichterin uns her
Von überird'schen Liebeswesen.
Man sieht, sie hat nicht viel gelesen,
Doch dafür denkt sie desto mehr.
Auch Pessimismus find'st Du nicht,
Obschon es Mode ist geworden,
Dass man von frechem Selbstermorden,
Von tiefer Weltverachtung spricht."

(Ich schlug beschämt die Augen nieder
Als plötzlich ich dies Wort vernahm,
Das ihr aus tiefster Seele kam,
Und dacht' an meine Weltschmerzlieder.)

„Nein, wahre, sittliche Moral,"
Fuhr ungestört die Göttin weiter.
„Und froher Lebensmut spricht heiter
Aus ihren Worten überall.
Rein sieht man die Gedanken quillen,
Die Form zwar könnte besser sein.

Die Dichterin soll den neuen Wein
Nicht in die alten Schläuche füllen.

Nein, neue Schläuche schaffe sie
Für ihren Wein in voller Gährung,
Dann wird wol auch der Welt Verehrung
Nicht fehlen ihrer Poesie.

Selbst Götter werden niedersteigen
Und horchen auf der Laute Klang.
Der ganze Himmel wird sich neigen
Vor ihrem herrlichen Gesang.

Sie wird die Sterblichen erheben
Durch ihre Weisen, stark und schön. —
Dann werd' auch ich herniederschweben
Von des Olympos lichten Höh'n;

Und mich erfreun an ihren Tönen,
An ihrer Rede tiefem Sinn,
Und mit geweihtem Lorber krönen
Die Stirne meiner Priesterin. —

Die Tassen hatt' ich unterdessen frisch gefüllt,

Die Dicht'rin soll den neuen Wein
Nicht in die alten Schläuche füllen.

Nein, neue Schläuche schaffe sie
Für ihren Wein in voller Gärung.
Dann wird wohl auch der Welt Verehrung
Nicht fehlen ihrer Poesie.

Selbst Götter werden niedersteigen
Und horchen auf der Laute Klang.
Der ganze Himmel wird sich neigen
Vor ihrem herrlichen Gesang.

Sie wird die Sterblichen erheben
Durch ihre Weisen, stark und schön. -
Dann werd' auch ich hernieder schweben
Von des Olympos lichten Höh'n;

Und mich erfreu'n an ihren Tönen,
An ihrer Rede tiefem Sinn,
Und mit geweihtem Lorbeer krönen
Die Stirne meiner Priesterin. -

Die Tassen hatt' ich unterdessen frisch gefüllt,

Und als die Göttin nun mit ihrer Rede fertig
Und ihren Durst durch einen guten Schluck gestillt,
War ich des Weiteren gewärtig.
Sie aber sah mich eine Weile forschend an;
Ironisch lächelnd sprach sie dann:
„Mein Bester, jetzt gestatt' ich dir" —
Und gnädig senkte sie dabei die Wimpern —
„Auf deiner Dichterharfe mir
„Auch einmal etwas vorzuklimpern." —

„Ach, meine Göttin, sprach ich, ich kann Ihnen
„Ja nur mit Weltschmerzlichem dienen."

„Thut nichts!" sprach sie, und ich griff schnell
In die von ihr gestimmten Saiten,

Und als die Göttin nun mit ihrer Rede fertig,
Und ihren Durst mit einem guten Schluck gestillt,
War ich des Weiteren gewärtig.
Sie aber sah mich eine Weile forschend an;
Ironisch lächelnd sprach sie dann:
„Mein Bester, jetzt gestatt' ich Dir" -
Und gnädig senkte sie dabei die Wimpern -
„Auf Deiner Dichterharfe mir
Auch einmal etwas vorzuklimpern." -

„Ach, meine Göttin", sprach ich, „ich kann Ihnen
Ja nur mit Weltschmerzliedern dienen!"

„Tut nichts!" sprach sie, und ich griff schnell
In die von ihr gestimmten Saiten,

Um mit Accorden, voll und hell,
die Klageworte zu begleiten:

„Halte das Leben für einen Traum!!
Was nützt dir alle Philosophie?!
Durchfliege den ganzen Erkenntnißbaum,
du findest doch die ewige Wahrheit nie.
Und wenn ich Himmel und Hölle frage,
Sie sprechen: die Wahrheit ist eine Lüge!

„Wahrheit ein eitles Hirngespinnst!
Und eitel sind Recht und Gerechtigkeit!—
Versuch, ob du sie bei den Göttern gewinnst!—
Auf Erden herrscht die Schlechtigkeit.
Sie ruht in der Schöpfung geheimsten Gewalten,
Sie wird die Welten auf ewig erhalten.

Um mit Akkorden, voll und hell,
Die Klageworte zu begleiten:

„Halte das Leben für einen Traum!!
Was nützt Dir alle Philosophie?!
Verschling den ganzen Erkenntnisbaum,
Du findst doch die ewige Wahrheit nie.
Und wenn ich Himmel und Hölle früge,
Sie sprächen: Die Wahrheit ist eine Lüge!

„Wahrheit ein eitles Hirngespinst!
Und eitel sind Recht und Gerechtigkeit! -
Versuch, ob Du sie bei den Göttern gewinnst! -
Auf Erden herrschet die Schlechtigkeit.
Sie ruht in der Schöpfung geheimsten Gewalten;
Sie wird die Welten auf ewig erhalten.

„Sag, wie das Übel entstanden sei?!
Erst lag das All in friedlichem Hort,
Bis daß mit grausamer Barbarei
Ein Gott dem Weibe das Leben gab, —
So zeugte am Sechsten der Schöpfungstage —
Der erste Frevel unendliche Plage!"

So sang ich zu dem Schmerzgewimmer
Der reichen Leute mein Gedicht.
Ein leises Rauschen durch das Zimmer
Das störte meine Worte nicht.

Doch als der letzte Ton verklungen,
Und ich mich umsah, ward mir klar,
Daß, während ich mein Lied gesungen,
Die Börse verduftet war. —

Franklin Wedekind.

Frag, wie das Übel entstanden sei?!
Tot lag das All in friedlichem Grab,
Bis dass mit grausamer Barbarei
Ein Gott dem Staube das Leben gab. -
So zeugte am sechsten der Schöpfungstage
Der erste Frevel unendliche Plage!" -

So sang ich zu dem Schmerzgewimmer
Der weichen Laute mein Gedicht.
Ein leises Rauschen durch das Zimmer
Das störte meine Worte nicht.

Doch als der letzte Ton verklungen,
Und ich mich umsah, ward mir klar,
Dass, während ich mein Lied gesungen,
Die Poesie verduftet war.-[41]

Franklin Wedekind

Schluss.

Ich wußte ehmals nichts davon,
Bin unschuldsvoll gewesen,
Bis daß ich Wielands Oberon
Und Heines Gedichte gelesen. —
Die haben sodann im Lauf der Zeit
Mein bißchen Jugend bemeistert:
Ich träumte von himmlischer Seligkeit
Und ward zum Dichten begeistert

Auch fand ich, das Dichten sei keine Kunst
Man müßt' es nur einmal versucht sein. —
Ich sang von feuriger Liebesbrunst,
Von Rosendüften und Mondschein;

Besang der Sonne strahlendes Licht. —
Viel Schönes ist mir gelungen.
Zuweilen mit dem schönsten Gedicht
Hab ich mich selber besungen.

41.

Schluss

Ich wusste eh'mals nichts davon,
Bin unschuldsvoll gewesen,
Bis dass ich Wielands Oberon
Und Heines Gedichte gelesen. -

Die haben sodann im Lauf der Zeit
Mein bisschen Tugend bemeistert.
Ich träumte von himmlischer Seligkeit
Und ward zum Dichten begeistert.

Auch fand ich, das Dichten sei keine Kunst
Man müsst' es nur einmal gewohnt sein. -
Ich sang von feuriger Liebesbrunst,
Von Rosenknospen und Mondschein;

Besang der Sonne strahlendes Licht. -
Viel Schönes ist mir gelungen.
Jeweilen mit dem schönsten Gedicht
Hab' ich mich selber besungen.

Und folgte kaum der gegebenen Spur
Auf meine Muster gestützet;
Schrieb viele Bogen Makulatur. —
Wer weiß, zu was sie noch nützet! —

Und wenn das Dichten so weiter geht,
So darf ich am Ende behaupten:
„Am Ende war ich doch ein Poet,
„Obwohl es die Wenigsten glaubten."

F.W.

18. Mai 1883.

Rauch & Bier
Und Bier & Rauch
Ist das Leben doch nur auch!

Oscar Peskes

29.XII.83. nach geisterhaftem Chorgesang.
weit = Die Lüfte nach Osten
wo wir zusammen kosten.

Und folgte treu der gegebenen Spur
Auf meine Muster gestützet;
Schrieb viele Bogen Makulatur. -
Wer weiß, zu was sie noch nützet? -

Und wenn das Dichten so weiter geht,
So darf ich im Tode behaupten:
„Am Ende war ich doch ein Poet,
Obwohl es die wenigsten glaubten," -[42]

F.W.

18. Mai 1883

Rauch, Bier
Und Bier und Rauch
Ist das Leben doch nur auch!

29.XII.1883
Nach geisterhaftem Chorgesang
Weit in die Lüfte nach Osten
Wo wir zusammen kosten.

L

לֵב

Liebe

Liebe

Es hielten die menschlichen Triebe
Einst einen großen Kongress.
Sie stritten sich um die Ehre,
Wer wohl der Stärkste wäre,
Denn niemand wusste es.

Die Liebe war nicht zugegen.
Und als dies alle entdeckt
Da schrien die menschlichen Triebe
Herrje, wo bleibt nur die Liebe
Nein, wo die Liebe nur steckt.

Ein geiziges Weib trat zum Altar
Dort stand ein Misanthrop.
Und als sie zusammenkamen,
Sie sprachen ja und Amen,
Der Pfarrer die Händ ' erhob.

Die Liebe hatte die beiden
Von allen Trieben befreit.
Zurück blieb einzig die Liebe,
Drum hatten die anderen Triebe
Auch soviel übrige Zeit.

Sie hockten noch immer beisammen
Und hielten großen Kongress.
Nun ward die Vernunft erhoben,
Sie sei als die Stärkste zu loben,
Doch niemand glaubte es.[43]

Die Rache.

Mein ganzes Lieben galt einem Freund.
Er hat mich verlassen.
Um ihn hab' ich heiße Thränen geweint,
Und doch sollt ich ihn hassen.

Ich sollte ihn hassen und konnt es nicht
Und mußte ihn lieben.
Stolz wandte er von mir sein Gesicht
Und ist still geblieben.

Da faßte mich ein unendlicher Schmerz.
Mein Geist ward umnachtet.
Tief senkte den Stahl ich in sein Herz,
Denn er hat mich verachtet.

Januar 1881.

Die Rache

Mein ganzes Lieben galt einem Freund.
Er hat mich verlassen.
Um ihn hab' ich heiße Tränen geweint,
Und doch sollt ich ihn hassen.

Ich sollte ihn hassen und konnt es nicht
Und musste ihn lieben.
Stolz wandte er von mir sein Gesicht
Und ist kalt geblieben.

Da fasste mich ein unendlicher Schmerz.
Mein Geist ward umnachtet.
Tief senkte ich den Stahl in sein Herz,
Denn er hat mich verachtet.[44]

Januar 1881

4. Ein merkwürdiges Vater-Sohn-Verhältnis und seine Folgen

In einem Brief an die Schulfreundin Anny Barck nimmt Frank Wedekind zu seiner Vaterbeziehung Stellung. Dabei äußert sich der Zwanzigjährige dahingehend, dass der Vater seinen Kindern das 'höchste Wesen' sei. Für ihn ist die Vaterfigur Sinnbild einer nicht einholbaren Vollendung, vor der man, um selbst überleben zu können, entweder in die Knie gehen oder aber fliehen muss. So wundert es nicht, dass das Verhältnis zu seinem Vater von bedingungsloser Abhängigkeit geprägt ist. Diese übertriebene Abhängigkeit des Sohnes vom väterlichen Über-Ich wird in seiner verzweifelten Ergebenheit in einem 'Kindergebet' deutlich, das vordergründig als Parodie wirkt, das aber die Angst vor dem Vater spüren lässt. Dieses merkwürdige 'Diesseitsgebet' wird zum Ausgangspunkt für Wedekinds 'erotisches Evangelium', zu dem 'das neue Vaterunser' und 'die neue Communion' zählen. Dabei zeigt sich nicht nur die Angst vor dem 'Patriarchen', vielmehr wird deutlich, dass Franklins Glaube nur auf das Diesseits ausgerichtet ist:

> Lieber Papa, der Du bist auf Deinem Studierzimmer!
> Geheiligt werde Dein Name!
> Dein Segen komme über uns!
> Dein Wille geschehe in unseren Gedanken und Werken!
> Gib uns heute unser täglich Brot und vergib uns unsere Schulden!
> Bewahre uns vor Versuchung und erlöse uns von dem Bösen!
> Denn Dein ist das Reich und die Kraft und die Herrlichkeit in Ewigkeit
> -Amen.[45]

Nach der Überzeugung und Lebenserfahrung des Vaters setzt das Streben nach höheren Zielen materielle Unabhängigkeit voraus, die nur durch eine solide Berufsbasis erreicht werden kann. Deshalb besteht er 1884 bedingungslos auf dem Jurastudium des Sohnes in München. Dieser Wunsch des Vaters stößt jedoch bei Franklin auf erbitterten Widerstand, da seine Interessen nur den schönen Künsten gelten und er Theater- und Konzertbesuche dem Studium vorzieht. So kommt es zu dramatischen Auftritten, die 1886 schließlich zu einem völligen Zerwürfnis führen, bei dem Franklin anlässlich eines Streits der Eltern die Hand gegen den Vater erhebt. Danach entzieht ihm der Vater jede finanzielle Unterstützung, so dass er in der Folgezeit elend darben muss. Einer der letzten Briefe an den Vater vom 19. September 1887 bestätigt sein distanziertes Verhältnis:

> Wenn Du mir diese Zeilen zurückschickst, so werde ich Dein Geschenk als ein Almosen hinnehmen müssen und habe dabei nicht das Recht, mich über irgend etwas zu beklagen. [...] Ich darf Dich nicht Vater nennen; ich habe jeden Anspruch darauf verloren. Ich hätte auch niemals gehofft, daß Du mir verzeihen würdest. Solltest Du

es nun trotz allem thun, so glaube mir, daß ich Deine unendliche Güte heilig zu halten weiß.[46]

Auf Grund der ökonomischen Überlegenheit des Vaters gibt Franklin scheinbar nach und beginnt ein Doppelspiel, ohne jedoch den Wünschen des Patriarchen bezüglich des Studiums gerecht zu werden. Nachdem der zuvor zitierte Brief unbeantwortet bleibt, unternimmt Franklin am 26. September 1887 einen erneuten Vorstoß:

Unterzeichneter gibt sich die Ehre ganz ergebenst anfragen zu dürfen, ob seine am 19. ds. geschriebenen und unter gleichem Datum von hier abgegangenen Zeilen indessen in Lenzburg eingetroffen sind und an die ihnen bestimmte Adresse gelangt sind, um, nichtigen Falls, eine Copie nachschicken oder dann anderweitige Vorkehrungen zur Sicherung seiner miserablen Existenz treffen zu können.
Fr. Wedekind[47]

Der Vater mit Emilie, der Nichte Tilly Kammerer und Erika um 1887

Am 11. Oktober 1888 erliegt Dr. Friedrich Wilhelm Wedekind unerwartet einem Schlaganfall, so dass es keine Versöhnung mehr zwischen Vater und Sohn gibt. Der plötzliche Tod entbindet Franklin jedoch von der lästigen Pflicht, das Studium fortzusetzen. Dennoch bleibt das Jahr 1887/88, das er in Zürich unter den 'Jungdeutschen' verbringt, das traumatischste in seinem Leben. Die Auszahlung seines Erbes, das er bis auf die Anteile am Schlossbesitz 1889 erhält, bringt die Erlösung. „Franklin wird das Geld, 20.000 Franken, die ihm nach und nach zufließen, in weniger als drei Jahren bis auf den letzten Rappen durchbringen."[48] Sein großzügiges Erbe versetzt ihn in die Lage, mehrere Jahre hindurch unbelastet von der Sorge um finanzielle Mittel sein schriftstellerisches Talent auf die Probe zu stellen. In Paris kann er, auf großem Fuße lebend, in das Leben der Bohémiens eintauchen. Hier wird er die Kunst des Cabarets kennen lernen und seine 'realpsychologischen Studien', mit denen er bereits in Lenzburg begonnen hat, bei den Prostituierten des Montmartre fortsetzen. Danach wird er sich jahrelang durchhungern müssen. Es bleibt ein steiniger und dornenreicher Weg, den er fortan beschreitet, muss er doch immer wieder seine Geschwister um finanzielle Unterstützung bitten. Bei der Schwester Erika, die an der Dresdner Oper als Hofsängerin Karriere macht, lebt er längere Zeit, um von ihr das 'Gnadenbrot' zu erhalten, wie er es in seinen Briefen formuliert.

Die Dresdner Hofsängerin Erika Wedekind , 1895

Die erste Stelle eines Werbechefs, die er durch Vermittlung seines Freundes Karl Henckell am 16. November 1886 in Julius Maggis neuer Suppenwürzefabrik in Kemptthal bei Zürich erhält, kann er deshalb nicht ausschlagen. Hier arbeitet er als freier Mitarbeiter der Reklame- und Pressestelle bis 1887 und wird für seine Slogans im 'Stücklohn' honoriert. Aus dieser Zeit stammt das folgende Bänkellied:

Was dem Einen fehlt, das findet
In dem Andern sich bereit;
Wo sich Mann und Weib verbindet
Keimen Glück und Seligkeit
Alles Wohl beruht auf Paarung;
Wie dem Leben Poesie
Fehle Maggi's Suppen-Nahrung
Maggi's Speise-Würze nie![49]

Karl Henckell verdankt er auch seine Tätigkeit als Rezitator Ibsenscher Dramen unter dem Pseudonym 'Cornelius Mine-Haha' und die entscheidenden Kontakte zu den bedeutendsten Literaturströmungen seiner Zeit in Zürich, Berlin, Paris und München. In Zürich hat er engen Kontakt zu den 'Jungdeutschen' und lernt die Brüder Carl und Gerhart Hauptmann, sowie John Henry Mackay kennen. Gleichzeitig liefert er Beiträge für die 'Neue Zürcher Zeitung' und wirbt begeistert für das Frauenstudium an der dortigen Universität. Der Künstler unter dem Mansardendach sollte jedoch noch viele Jahre darben, bis der späte Erfolg eintritt. Dies ist erst 1906 mit der sensationellen Uraufführung der Kindertragödie *Frühlings Erwachen* bei den Berliner Kammerspielen unter Max Reinhardt der Fall, obwohl das Drama bereits 15 Jahre zuvor veröffentlicht wurde.

An das erste Kindergebet, das an den übermächtigen Vater gerichtet ist, knüpft die 'Offenbarung Gottes', *Das neue Vaterunser*, an. Nach Wedekinds Vorstellung verbiegt das Verbot erotischen Genusses, legitimiert durch religiöses Gebot, den Charakter des Menschen. In moralischen Regeln sieht er ausschließlich irdische Einrichtungen, die den menschlichen Bedürfnissen widersprechen. „Vor diesem Hintergrund wechseln die Begriffspaare Gott und Gesetz, Satan und Sünde bei ihm die Bedeutung. Sie verlieren nicht nur ihr Gewicht, sondern werden ideologisch umgewertet. Somit verbindet sich Sünde mit Freude und Genuss."[50] In diesem 'Gebet' überschreitet der Atheist Wedekind alle moralischen Grenzen. Gleichzeitig verhöhnt er seine leibliche Mutter, wenn er während der Aufführung dieser 'Offenbarung', als musikalische Untermalung von der Empore herab, mehrmals den 'Yankee doodle' ertönen lässt, der an ihre kalifornische Vergangenheit in dem „Etablissement B.M."[51] erinnern soll:

„Unser Vater, der du bist im Himmel",
Sattle mir den stolzen Musenschimmel,
Stärke meine Seele zum Gebet!
Öffne der Begeistrung weite Hahnen,
Daß die goldne Flut in reichen Bahnen
Uns durch Ohr und Busen geht!
Und Mädchen und Knaben im Saale,
Sie heben die dunklen Pokale,
Die ihnen mein Bitten verlieh;
„Geheiligt werde dein Name",
Prost Rest! - ruft die reizendste Dame
Und schaukelt sich mir auf dem Knie... [...]

Und es zittert mein Leib, es durchtobet mein Blut
Feurige, rasende Liebesglut -
„Zu uns komme dein Reich!"
- Gleich, gleich! ...[...]

Denn dein ist das Reich
Und die Kraft
Allmächtiger Vater!
Bei uns aber folgt dem Genuß
Immer noch Überdruß
Und ein trauriger Kater,
Und die Herrlichkeit
Ging etwas weit
Für die Herren und Damen -
In Ewigkeit. - Amen. [52]

Es ist verständlich, dass dieses Manuskript, in dem sich Franklin in 76 Strophen in blasphemischer Weise in erotischen Phantasien austobt und sie geistig religiösem Kontext gegenüberstellt, im Original nicht zugänglich ist. Dass er seither zum 'Satanisten' abgestempelt wurde, ist ebenso nahe liegend.

Als gedankliches Fundament für seine Weltanschauung und insbesondere seine Lyrik beruft sich Wedekind auf Heinrich Heine. In seinen Notizen in den 'Memorabilia 1882-83' nimmt er zu Heines Forderung nach 'Nektar und Ambrosia, Purpur-Mänteln, kostbaren Wohlgerüchen, Wollust und Pracht, Nymphentanz und Musik' Stellung. Diesem persönlichen Manifest Heines stellt er sein elfstrophiges Gedicht *Mahnung* (S. 118) entgegen, das später unter dem Titel *Erdgeist* berühmt wird. Sexualität und Tod stehen sich hier diametral gegenüber. So wundert es nicht, dass der Autor empfiehlt, wacker nach der Sünde zu greifen, da nur sie Genuss bringe und das Element der Freuden sei, die nur noch der Tod raffinieren könne. Damit vollzieht er wie der gottlose Spötter Heine eine Hinwendung zum irdischen

Himmelreich und zugleich einen totalen Verzicht auf metaphysische Spekulationen und davon abgeleitete Sittengesetze.

Wedekind schafft sich mit der dramatischen Dichtung *Apokalypse* seine eigene Auffassung vom frommen Kinderglauben. Dabei versucht er den Zusammenhang von Moral und Unterdrückung zu entlarven und zu zerstören. Im Originaltext ist der Titel in griechischen Buchstaben geschrieben und mit einem Banner verziert, um den sich eine feuersprühende Posaune windet. Daneben prangen als Symbole einer schwarzen Messe ein krabbelnder Totenkopfschwärmer, Schädel, Herz, Bockfuß und Lilie. Das Bild des jungen Poeten, der Gott aus seinem Tempel hinausgeworfen hat und sich selbst zum Gott erklärt, wirkt als grausig-groteske Allegorie und ist mehr als eine frivole Spielerei, die auf den Einfluss von Nietzsche hinweist. Hier der Text in der Urfassung:

Die frommen Gebete, die einst ich gelernt,
Die stelle ich frech an den Pranger;
Der Himmel, den einst ich mit Glauben besternt,
Ward Liebesgelagen zum Anger.

Ich schalt meinen Gott einen elenden Wicht
Und drückt ihm den schändlichen Stempel
Der Lüge und Falschheit ins fahle Gesicht
Und jagt' ihn hinaus aus dem Tempel.

Nun muß ich allein im verödeten Haus
Das brennende Herze zerwühlen
Zur seligen Wonne voll Schauder und Graus
Als Mensch und als Gott mich zu fühlen.

So bin ich, das wilde Turnier in der Brust,
Am Altar gelehnt, übernachtet
Und hab mir, dem Gotte, zu Kurzweil und Lust,
Mich selber als Opfer geschlachtet.- [53]

Wedekind stempelt sich mit der *Apokalypse* selbst zum Außenseiter, so dass sich in Anbetracht dieser radikalen Blasphemie die meisten seiner Jugendfreunde von ihm distanzieren. Dennoch erscheint dieses makabre Gedicht in leicht abgemilderter Form zunächst unter dem Titel *Selbstzersetzung* in den *Vier Jahreszeiten* und später auch im Gesamtwerk.

Der Einfluss von Nietzsche hinterlässt unübersehbare Spuren bei dem jungen Dichter. Dies belegen auch die Anspielungen in seinem Gedicht *Der Übermensch* (S. 124). Damit gehört Frank Wedekind einer Zunft an, die mit poetischen Gegenbildern ihre Leser aufrütteln möchte.

Mahnung.

Greife wacker nach der Sünde! —
Nur die Sünde bringt Genuß. —
Ach, du gleichst einem Kinde,
Dem man alles zeigen muß;

Einem unschuldsvollen Kinde,
Das den Vater noch nicht kennt. —
Nein, wahrhaftig, nur die Sünde
Ist der Freuden Element.

Warum liebst du nicht die Schönen,
Die sich dir so reizend nah'n? —
Sieh doch besser, sie versöhnen
Dich als einen Grobian;

Mahnung

Greife wacker nach der Sünde!-
Nur die Sünde bringt Genuss. -
Ach, Du gleichest einem Kinde,
Dem man alles zeigen muss;

Einem unschuldsvollen Kinde,
Das den Satan noch nicht kennt, -
Nein, wahrhaftig, nur die Sünde
Ist der Freuden Element.

Warum liebst Du nicht die Schönen,
Die sich Dir so reizend nahn?-
Sieh doch, Bester, sie verhöhnen
Dich als einen Grobian;

Dich als einen rohen Flegel
Der sich voller Hochmuth ziert;
Oder denn die erste Regel
Seines Lebens nicht capirt. —

Meide nicht die irdschen Schätze!
Wo sie liegen, nimm sie mit.
Hat der Mensch doch nur Gesetze,
daß er sie mit Füßen tritt!

Um die Lust zu verführen,
Zu begründen unsern Tod,
Schrieb der Herrgott an die Thüren
des Genusses ein Verbot. —

Nein, wir wollen gerne sterben,
Sterben für die Freiheit,
Wenn den Himmel wir erwerben
Schon zu unsrer Lebenszeit! —
!!!

Dich als einen argen Flegel,
Der sich voller Hochmut ziert;
Oder dann die erste Regel
Seines Lebens nicht kapiert. -

Meide nicht die ird'schen Schätze!
Wo sie liegen, nimm sie mit.
Hat der Mensch doch nur Gesetze,
Dass er sie mit Füßen tritt!

Um die Lust zu raffinieren,
Zu begrüßen unsern Tod,
Schrieb der Herrgott an die Türen
Des Genusses ein Verbot. -

Nein, wir wollen gerne sterben,
Sterben für die Ewigkeit,
Wenn den Himmel wir erwerben
Schon zu unserer Lebenszeit! -

Ja Du, mein Gott, gestatt' es täglich,
daß der Mensch die Freude sucht;
denn wir schwärmen, wir begnüglich
brechen wir die goldne Frucht!:

Gestern dacht' ich eines Kusses,
den mir einst die Liebste gab.
In Erinnerung des Genusses
leckt' ich mir die Lippen ab.

Und das war so zart, so saftig,
daß, — wer weiß, wie es geschah! —
Plötzlich ich mein Lieb leibhaftig
wieder bei mir sitzen sah;

hörte, wie sie sprach und lachte,
manches liebe, süße Wort.
Aber als ich drauf erwachte,
da war alles wieder fort. —

F.W.

Ja, mein Gott, gestatt' es füglich,
Dass der Mensch die Freude sucht;
Denn wie sparsam, wie begnüglich
Brechen wir die gold'ne Frucht!:

Gestern dacht' ich eines Kusses,
Den mir einst die Liebste gab.
In Erinnerung des Genusses
Leckt' ich mir die Lippen ab.

Und das war so zart, so saftig,
Dass, - wer weiß, wie es geschah! -
Plötzlich ich mein Lieb leibhaftig
Wieder bei mir sitzen sah;

Hörte, wie sie sprach und lachte,
Manches liebe süße Wort.
Aber als ich drauf erwachte,
Da war alles wieder fort.- [54]

F.W.

Der Übermensch.

[illegible]

Der Übermensch

Und ob die Hölle ihm ins Antlitz faucht -
Er schmaucht!
Ob ihn Freund Hain an der Krawatte zupft -
Er schnupft!
Und ob die ganze Welt in Tränen läuft -
Er säuft!
Ob ihm der Teufel in die Schüssel pisst -
Er frisst!
Und ob der bloße Blitz die Wipfel trifft -
Er schifft!
Ob Sturm und Wetterschlag den Wald zerreißt -
Er scheißt!
Und sei ob ihm der Häscher Schwert gezückt
Er knöpft sich seine Hose auf - und fickt!

Also sprach Zarathustra! [55]

5. Die Lenzburger Dichterschule

Franklins Reichtum an dichterischen Einfällen und seine sprachliche Potenz machen ihn in Lenzburg zwangsläufig zur Leitgestalt all derer, die sich in dichterischer Hinsicht verwirklichen möchten. Im Nachlass Wedekinds finden sich zahlreiche Gedichte von Jugendfreunden und -freundinnen, die er offensichtlich ermutigt hat, sich in der ihnen gemäßen poetischen Form an ihn zu wenden, und denen er offenbar mit Rat und Tat zur Seite stand, wenn es um Formfragen ging. Dass jeder Brief in Versform geschrieben sein muss, ist kein plötzlich populär gewordener Volkssport in Lenzburg, sondern hängt unmittelbar mit Wedekinds poetischem Wirken zusammen. Gemeinsam mit Walter Laué, Adolph Vögtlin und Oskar Schibler gründet er 1879 den Dichterbund 'Senatus poeticus'. Dies belegen die Briefe an Oskar Schibler, der die literarischen Entwürfe seines Schulfreundes in der so genannten 'Bundeslade' sammelt.[56] Die Gründung des Freundschaftsbundes 'Fidelitas' (Treue) folgt 1883. Er besteht aus Franklin, 'Zephir' genannt, seinem älteren Bruder Armin, der sich 'Boreas' nennt, der Cousine Minna von Greyerz als 'Cousine Sturmwind' bekannt und Anny Barck, von Franklin als 'Fräulein Bundesschwester' bezeichnet. Man versucht sich nicht nur im Dichten, sondern liest intensiv Goethe und Heine und tauscht sich aus. Als Symbol verwendet man einen umgedrehten Regenbogen. In der Begeisterung für die Poesie, in der Franklin als vielfach Überlegener sich auskennt und wo er mit spielerischer Leichtigkeit Eigenes schafft, sehen viele Lenzburger Mitschüler Parallelen zu den eigenen dichterischen Bestrebungen. In ihren unveröffentlichten Erinnerungen berichtet Sophie Marti von einem romantisch verliebten Spaziergang, der Franklin zu einem Sonett veranlasst, das in den *Gesammelten Werken* unter dem Titel *Sofie Marti* erschienen ist:

> Wohl hegt das Menschenherz ein heiß Verlangen
> Nach einem Glück, das die Vernunft nicht kennet,
> Nach einer Freude, die kein Name nennet,
> Nach einem Stern, der noch nicht aufgegangen.[57]

Damit wird Sophie Marti zur berufensten und wichtigsten Berichterstatterin aus Wedekinds Jugend, der er nicht nur dieses Gedicht widmet, sondern mit der er auch korrespondiert und Gedanken austauscht. Über mehrere Jahre hinweg hält er zu ihr eine rein freundschaftliche Verbindung, ohne jemals seine Grenzen zu überschreiten. Vor allem dadurch unterscheidet sich diese Freundschaft von vielen anderen Lenzburger Damenbekanntschaften. Sophie Haemmerli-Marti, wie sie sich nach der Eheschließung nennt, wird eine bekannte Schweizer Autorin, von der uns in Mundart und Schriftsprache vieles überliefert ist. Auch ihr Buch *Mis Aargäu, Land und Lüt us miner Läbesgschicht*, in dem sie Land und Leute aus der unmittelbaren

Umgebung Lenzburgs und speziell den Kontakt zur Familie Wedekind auf dem Schloss beschreibt, ist ein Zeugnis ihrer Poesie.

Sophie Marti, 1885

Wie Haemmerli-Marti in ihren Erinnerungen berichtet, finden sich die Grundsteine für Wedekinds Entwürfe und Dramen in der Gelegenheitspoesie seiner Jugendzeit, die er in einem hölzernen Behältnis, dem 'Steinbaukasten', auf Vorrat ansammelt. In der nachgelassenen *Ode an den Behälter meiner Manuskripte* (S. 134) datiert 'April 1878', auch *Ode an meine philosophische Kiste* genannt, verherrlicht Wedekind sein Schatzkästlein. Diese umfassende Sammlung des Vierzehnjährigen kann als eine Art Schlüssel zu seinem späteren Werk angesehen werden. Die dichterischen Fragmente, die sich in der Lenzburger Jugend- und Gymnasialzeit in dem 'Steinbaukasten' ansammeln, sind ein Hort von Gelegenheitspoesie, aus dem sich der Dichter auch in späteren Jahren immer wieder bedient. Dabei ist der 'Steinbaukasten' als Metapher zu sehen: Die Bauklötze, zunächst spielerisch zusammengetragen, werden später Grundsteine für seine ernsthaften literarischen Arbeiten. Die Gedichte, erwartungsgemäß oft kindlich naiv, zum Teil auch kindisch, aber auch über alle Maßen gekonnt und raffiniert, erscheinen in zufälliger Sammlung, den Poesiealben junger Mädchen ähnlich. In diesem Behältnis treffen wir in bunter Folge auf holperige Knittelverse, kitschige Genrebilder, wackelige Sonette und gelegentlich auch lyrische Gebilde von erstaunlich sprachlicher Prägnanz. Dabei erscheint die Wahl der Stoffe willkürlich. So ist die pubertäre Zote ebenso vertreten wie die Satire oder Gedankenlyrik. Zur Wedekind-Legende gehört die irrige Annahme, dass der Ruhm des Dichters auf der künstlerischen Reife seiner Spätwerke beruhe. Dabei wird leider übersehen, dass seine Klassiker fast alle bereits in seiner Jugend konzipiert und im 'Steinbaukasten' aufbewahrt wurden. Der Gedanke der Montage hat also bereits beim Anlegen dieser Lyriksammlung eine entscheidende Rolle gespielt. Dies belegen zahlreiche Jugendgedichte und Bänkellieder, die zum Teil in abgewandelter Form in seine späteren Werke eingebaut wurden und als Stimmungselemente eine wichtige Funktion besitzen. Zum nachträglichen Einbau verwendet Franklin nicht nur lyrische Momente, sondern auch Alltagssituationen aus dem Familienleben, Namen und Episoden aus der Schulzeit und seiner häuslichen Umgebung.

In klapprigen Versen tauschen die Mitglieder der 'Lenzburger Dichterschule' anfänglich ihre schriftstellerischen Gehversuche untereinander aus. Im Sommer 1883 legt Franklin seinen Freunden seine Gedichte zur Prüfung vor. Minna von Greyerz hat alle abgeschrieben und sie zusätzlich Sophie Marti zum Kopieren überlassen. Durch diese Art doppelter Buchführung sind die frühen Gedichte Wedekinds in den 'Memorabilia 1882-83' der Aargauischen Kantonsbibliothek zum Teil in mehrfacher Abschrift vorhanden. Der Nachlass Oskar Schiblers ermöglicht es zusätzlich, die im Brief genannten Gedichte zu datieren und die Lyrikproduktion den Jahren 1882-1884 zuzuordnen.

Für Franklin kommt die Gelegenheitsdichtung bei jeder möglichen Situation zum Einsatz. Für ihn ist der historische Anlass jedoch nur Vorwand für die Formgestaltung und spielerische Anlehnung an bekannte Vorbilder. Er versucht die eigenen Gefühle stets zu objektivieren, gleich ob es um junge Mädchen, um naturhafte Motive oder aktuelle Ereignisse geht. Bei vielen Gedichten und Liedern entsteht der Eindruck, dass sich der Vierzehnjährige durch einen über allem Gemütshaften stehenden Humor und durch die Sachlichkeit eines Beobachters auszeichnet. Dabei wird Heine zum Maßstab für sein neues Empfinden. Als Dichter, so scheint es, ist Wedekind ein frühreifes Wunderkind. Auch die Lieder aus den 'Vier Jahreszeiten', die er später in München bei den 'Elf Scharfrichtern' zur Gitarre vortragen wird, haben bereits zu seiner Zeit als Kantonsschüler in Lenzburg Berühmtheit erlangt.[58]

Erika Wedekind und Sophie Marti im Schlossgarten, 1890.

Für die dichterischen Gehversuche seiner Mitschüler hat Franklin allerdings nur wenig Verständnis, während er selbst ungern die Kritik seiner Freunde erträgt. Auf dieses Unverständnis treffen wir auch bei den Poemen seiner Cousine Minna von Greyerz, mit der er in ständigem Briefwechsel steht. Ein Paradebeispiel hierzu ist die *Ästhetische Caffeevisite*, in der ihm die Cousine stolz ihr Poesiealbum mit eigenen Gedichten präsentiert. Franklin bemängelt jedoch unbarmherzig, dass der Pessimismus, der augenblicklich in Mode sei, völlig fehle. Unter dem Datum vom 17. Januar 1889 findet sich bei den von Minna von Greyerz nachgelassenen Gedichten das *Nachtstück*[59] in dem uns 'Cousine Sturmwind' ihre Liebesqualen und Ängste aus dieser prüden Zeit schildert. Am Ende der Freundschaft mit Franklin fügt sie in einem Brief vom 17. August 1889 in bitterer Selbsterkenntnis das Gedicht *Satanellas Bitte!* bei, von dem hier auszugsweise die erste Strophe zitiert werden soll:

> O Satan, Satan, laß mich los
> Mich brennen Höllengluten,
> Die Schuld und Sünde wird zu groß
> Gar balde werde ich verbluten... [...][60]

Mit Anny Barck, der Freundin von Minna, die als 'Fräulein Bundesschwester' in der Dichterschule agiert, erörtert Franklin am 14. Oktober 1883 die Richtigkeit ihres gemeinsamen Symbols:

> Ich schulde Ihnen noch meinen Dank für die Bereitwilligkeit, mit der Sie sofort auf den eigenthümlichen Plan eingingen.[...] Als Bundeszeichen schlägt Sturmwind einen Regenbogen vor, der mich sofort an das Opfer Noahs erinnerte und überhaupt als *Sinnbild des aus trübseliger Wirklichkeit* zum lichten Aetherreiche Poesie emporschmachtenden Geistes gelten könnte. Dabei fällt mir soeben noch der Mondregenbogen aus Schillers Rütli-Scene ein - eine neue Bestätigung der Richtigkeit unseres Zeichens.[61]

Der ältere Bruder Armin Wedekind, der uns in der 'Lenzburger Dichterschule' als 'Boreas' bekannt ist, geht weniger durch seine Gedichte als durch seine Buchillustrationen in die Lenzburger Analen ein. Von seiner Hand stammen die kunstvollen Zeichnungen des Kinderepos *Der Hänseken*, das er, gemeinsam mit den Gedichten von Franklin, für die jüngere Schwester Emilie zu Weihnachten 1879 gestaltete und das Albert Langen 17 Jahre später verlegte. Dieses reizvolle Buch liegt seit 2005 wieder in einer Reprintauflage der Editions- und Forschungsstelle Frank Wedekind in Darmstadt vor.

Zwischen Bertha Jahn und Franklin Wedekind ist ein reger Gedankenaustausch überliefert, dem wir nicht nur viele Gedichte Berthas verdanken, sondern zum Teil auch Poeme, die von unserem Autor übernommen und umgeschrieben wurden. Ein typisches Beispiel hierzu ist das Minnelied *Ich hab Dich lieb* (S. 242), das in den *Gesammelten Werken* unter dem Titel *Alte Liebe* erschienen ist. Dieses Gedicht, das nicht von unserem Autor, sondern eindeutig aus der Feder von Bertha Jahn stammt, ist im Archiv in Aarau im Original mit 'Erika' unterzeichnet und somit ein weiterer Hinweis auf die Authentizität der 'Lenzburger Dichterschule'.

Fanny Oschwald-Ringier, die Schwester von Bertha Jahn, ebenfalls in der Dichterschule aktiv, ist der Nachwelt als Historiendichterin bekannt. Aus ihrer Feder stammen nicht nur Novellen und Gedichte, sondern auch Mundartdramen und patriotische Festspiele, die heute noch in der Schweiz aufgeführt werden. Hierzu zählen *Us der Burestube* (1897) und *E gförlichi Chranket* (1898).

Das neue Burghaldehaus der Familie Ringier um 1900

Auch Adolph Vögtlin, mit dem Franklin seine Verse austauscht und seine Arbeiten bespricht, wendet sich später ganz der Literatur zu. Neben literaturwissenschaftlichen Standardwerken verfasst er mehrere Romane und kulturgeschichtliche Novellen. Von der Arbeit Franklins ist er jedoch enttäuscht, wie er ihm in einem Brief mitteilt, der in der Aargauischen Kantonsbibliothek vorliegt. Von seinem Freund im Stich gelassen, steht Franklin künftig den Literaten seiner Zeit skeptisch gegenüber, wie das Spottgedicht *Sonderbar* (S. 140) beweist. Auch Gerhart Hauptmann und die Naturalisten lehnt er, zum Teil aus persönlichen Gründen, pauschal ab.

Im Dezember 1881 lässt Franklin seinen Freund Oskar Schibler wissen, dass die Drucklegung seines ersten Gedichts bei dem Thuner Unterhaltungsblatt 'Erholungsstunden' bevorstehe. Damit dürfte *Eduard von Hartmann* (S. 142) als der erste gedruckte Text Frank Wedekinds gelten. Unter dem Einfluss seines Gymnasialprofessors Karl Uphues und seiner 'philosophischen Tante' hat der sechzehnjährige Schüler naiv-gläubig seine Begeisterung für den 'Pessimismus', wie ihn Eduard von Hartmann in der Nachfolge von Schopenhauer betreibt, dargelegt. Ein Jahr später zeichnet er in seinem Notizheft das Titelblatt 'der Geist des Universums' mit dem bärtigen Männerantlitz Eduard v. Hartmanns.

Es folgt 1884 anlässlich der Abiturfeier in einer Auflage von zweihundert Exemplaren die Drucklegung des *Prologs zur Abendunterhaltung der Kantonsschüler*[62], die den Kommilitonen und Freunden überreicht wird. Für den Druck hat sich der Aarauer Verleger Sauerländer bereit erklärt. (Abb. S. 133) Die Drucklegung bedeutet für den jungen Autor mehr als ein erstes Erfolgserlebnis. Vielmehr weckt sie in ihm den Gedanken an eine künftige Dichterlaufbahn und ein eigenes Publikationsprogramm. Nach diesen ersten Erfolgen plant Franklin gemeinsam mit Oskar Schibler eine dichterische Karriere. Für dieses Unternehmen, das im Rahmen des Unterhaltungsjournalismus angesiedelt sein soll, hat er sich ein Gartenlaubenpublikum auserkoren. Oskar Schibler nimmt am 25. November 1882 hierzu Stellung:

Die Feierlichkeiten anlässlich des 'Frühlingsfestes' mit dem Freischarencorps vor dem Bezirksschulhaus 1911

> Wir müßten uns in ein ganz neues Gebiet werfen, welches wir bis jetzt noch gar nicht versucht haben. [...] Wir müßten gleich anfangs durch die Neuheit blenden und gefangen nehmen, und wenn einmal der Schritt geglückt ist, so haben wir den rechten Weg gefunden, auf dem wir ans Ziel gelangen.[63]

Der künftige Theaterautor richtet seine literarischen Vorstellungen nach einem Publikum aus, von dessen geistiger Beweglichkeit er sich nicht viel verspricht. Er möchte seine Leser fesseln, um sie dann zu manipulieren. Der Traum, gemeinsam mit dem Freund in die Annalen der Literaturgeschichte einzugehen, hat sich zum Glück für Wedekind nicht erfüllt. Dies lag vor allem daran, dass Schibler für die hochfliegenden Pläne seines Freundes zwar Bewunderung, aber zu wenig Einsatzfreudigkeit zeigte.

Mit seinen vielfältigen kulturellen Aktivitäten bot Lenzburg die ideale Brutstätte, in der sich eine 'Dichterschule' entwickeln konnte. Hierzu trugen nicht nur die wöchentlichen Dichterlesungen bei, sondern auch die Aktivitäten des Liebhabertheaters und des Cäcilienvereins, die jederzeit in der Lage waren, die Gehversuche der jungen Literaten in die Tat umzusetzen. Ein gemischter Chor, das Orchester des Musikvereins und die Stadtmusik ergänzten das breite Spektrum der kulturellen Möglichkeiten. Hinzu kam die Gestaltung des 'Frühlingsfestes', das bei der Bevölkerung vielfältige kreative Kräfte weckte, so dass man die optimalen Bedingungen für künftige Literaten vorfand.

Szenenbild des 'Liebhabertheaters' mit Erika Wedekind (1. Reihe, 3.v.re) anlässlich der Aufführung eines patriotischen Stückes von Fanny Oschwald-Ringier, 1891.

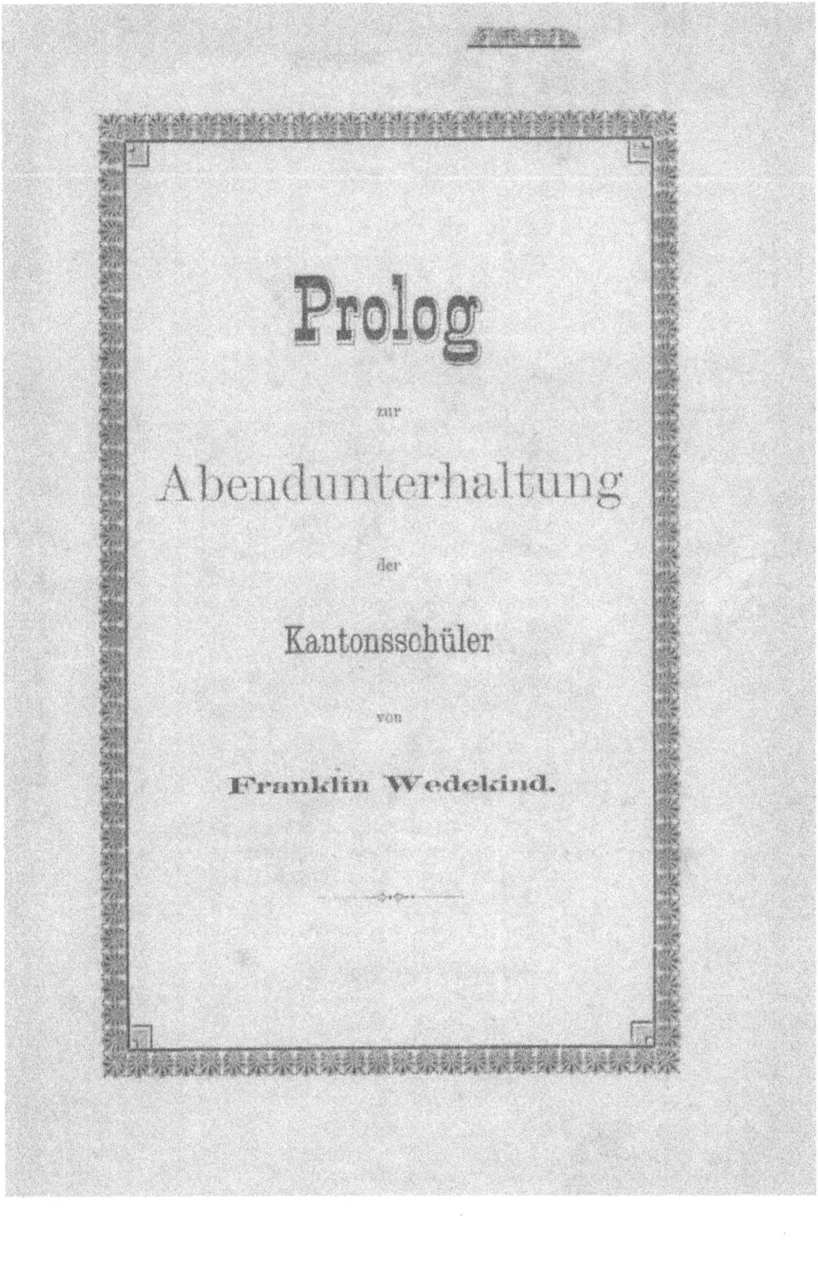

Prolog

zur

Abendunterhaltung

der

Kantonsschüler

von

Franklin Wedekind.

Ode an den
Behälter meiner Manuscripte.
(gewesener Baukasten)

Du bewahrst die Früchte meines ersten Strebens,
Du erinnerst an die Zeit des Jugendlebens;
Darum bist du lieb und theuer mir.
Alles, was mein Herz bis jetzt errungen,
Was die holde Muse mir gesungen
Gab ich stets zum Aufbewahren dir.

Nur zu dir allein hab' ich Vertrauen.
Darum darfst auch du nur in mich schauen,
Tief in meines Herzens innern Grund.
Dort sind des Gemüthes verschiednen Falten,
Die gar viel Geheimnisse enthalten,
Die nur dir und mir allein sind kund.

Du entdecktest mir sogar die Liebe,
Wolltest gern, daß ich Brieflein schriebe
An manch reizendschönes Mägdelein.
Doch der süße Wahn ist jetzt entschwunden,
Und mein Herz hat Besseres gefunden

Ode an den
Behälter meiner Manuskripte
(gewesener Baukasten)

Du bewahrst die Früchte meines ersten Strebens,
Du erinnerst an die Zeit des Jugendlebens;
Darum bist Du lieb und teuer mir.
Alles, was mein Herz bis jetzt errungen,
Was die holde Muse mir gesungen
Gab ich stets zum Aufbewahren Dir.

Nur zu Dir allein hab' ich Vertrauen.
Darum darfst auch Du nur in mich schauen,
Tief in meines Herzens innren Grund.
Dort sind des Gemüts verschiedne Falten,
Die gar viel Geheimnisse enthalten,
Die nur Dir und mir allein sind kund.

Du entlocktest mir sogar die Liebe,
Wolltest gerne, dass ich Brieflein schriebe
An manch reizendschönes Mägdelein.
Doch der eitle Wahn ist jetzt entschwunden,
Und mein Herz hat Besseres gefunden,

Denn so kann es nimmer glücklich sein.

Und mein Herz sich in die Zukunft wandte,
Und mein Herz auch dort noch viel erkannte
Von dem Himmel der Unsterblichkeit.
Leichter wurde mir das Erdenleben,
Und ein süßer Trost ist mir gegeben,
Denn es dauert nicht in Ewigkeit.

Ja in Ewigkeit! das wär lange!
Und es würde um dich und mich mir bange,
Denn besonders du hast sehr gekracht.
Trag die Manuskripte noch geduldig,
Das bist du mir, deinem Herren schuldig,
Der dich groß und herrlich hat gemacht.

Zu gewerblich – materiellem Zwecke
Sollte man dich mit des Schellacks Decke
Zum Zusammensetzen für die kleine Welt.
Doch jetzt bildest du allein ein Ganzes,
Strahlst im Lichte philosophischen Glanzes.
Sprich, mein Freund, was besser dir gefällt?

Denn du hast sehr wissenschaftliche Leser,

Denn so konnt es nimmer glücklich sein.

Und mein Herz sich in die Zukunft wandte,
Und mein Herz auch dort noch viel erkannte
Von dem Himmel der Unsterblichkeit.
Leichter wurde mir das Erdenleben,
Und ein süßer Trost ist mir gegeben,
Denn es dauert nicht in Ewigkeit.

Ja in Ewigkeit! Das wäre lange!
Und es würd um Dich und mich mir bange,
Denn besonders Du hast schon gekracht.
Trag die Manuskripte noch geduldig,
Das bist Du mir, Deinem Herren schuldig,
Der Dich groß und herrlich hat gemacht.

Zu prosaisch-materiellem Zwecke
Füllte man Dich mit des Erdballs Drecke
Zum Zusammensetzen für die kleine Welt.
Doch jetzt bildest Du allein ein Ganzes,
Strahlst im Lichte philosophschen Glanzes.
Sprich, mein Freund, was besser Dir gefällt?

Zwar Du hast schon riesenhafte Löcher,

daß die Welt nur mit den andern [illegible]
Und denkt: „Es ist mir doch alles gleich."
[illegible] sind es für Philosophen [illegible].
Denn was [illegible] man mit den irdischen [illegible],
Wenn man einmal kommt ins Himmelreich?
April 1878.

Doch die deckt man mit dem seidnen Fächer
Und denkt: „Es ist mir doch alles gleich."
Solches ist für Philosophen simpel,
Denn was tut man mit dem irdschen Grümpel,
Wenn man einmal kommt in's Himmelreich?[64]

April 1878

Sonderbar!!

In aller Ehrfurcht gewidmet unserm neuen Dichter

Bickel.

Freue dich, Helvetier!
Denn in einem deiner Lande
Ist ein Dichter aufgestanden,
Wie die Schweiz noch keinen sah.

Und beseelt vom Dichterdrange
Förderte er ein Werk zu Tage,
Es war eine Liebesklage,
Die ganz [illegible] Klang.

Doch o Himmel! Welch Geschick!
Denn man fand, daß die Geschichte
Einem Lessing'schen Gedichte
Ganz auffallend ähnlich sah.

Unklar ist es noch geblieben,
Doch sehr leicht ist zu vermuthen,
Daß Herr Lessing unserm guten
Bickel es hat abgeschrieben.

1880.

Sonderbar!!

In aller Ehrfurcht gewidmet unserem neuen Dichter Bickel

Freue Dich, Helvetia!
Denn in einem Deiner Landen
Ist ein Dichter aufgestanden,
Wie die Schweiz noch keinen sah.

Und beseelt von Dichterdrang
Fördert er ein Werk zu Tage,
Es war eine Liebesklage,
Die ganz ausgezeichnet klang.

Doch o Himmel! Was geschah!
Denn man fand, dass die Geschichte
Einem Lessingschen Gedichte
Ganz auffallend ähnlich sah.

Unklar ist es noch geblieben.
Doch sehr leicht ist zu vermuten,
Dass Herr Lessing unserm guten
Bickel es hat abgeschrieben.[65]

1880

Eduard von Hartmann.

Der Geist des Unbewußten strebt
Heraus aus unsichtbaren Sphären
Auf diese Erde, wo er lebt,
Um sich im Kampfe zu verklären.

Auf dieser Welt voll Müh und Graus
Kann er das schönste Ding erringen,
So daß er besser, als er kam,
Zurückkehrt auf des Todes Schwingen.

So wird der Geist im Lauf der Zeit
Die Welten besser stets regieren
Und endlich zur Vollkommenheit,
Zur Erlösung, die Menschheit führen.

Er spricht zu uns ein weiser Mann
Und lehrt uns, daß wir nicht vergebens
Erklimmen auf der steilen Bahn
Das hohe Ziel des Menschenlebens.

Er flößet uns Trost ein in der Noth.
Und hab ich nicht den Berg erklommen,
Und grüßt mich endlich dann der Tod,
So sei er herzlich mir willkommen.

6. November 1880.

Eduard von Hartmann

Der Geist des Universums schwebt
Herab aus unsichtbaren Sphären
Auf diese Erde, wo er lebt,
Um sich im Kampfe zu verklären.

Auf dieser Welt voll Müh und Gram
Kann er den schönsten Sieg erringen.
So dass er besser, als er kam,
Zurückkehrt auf des Todes Schwingen.

So wird der Geist im Lauf der Zeit
Die Welten besser stets regieren
Und endlich zur Vollkommenheit,
Zur ewigen, die Menschheit führen.

So spricht zu uns ein weiser Mann
Und lehrt uns, dass wir nicht vergebens
Erklimmen auf der steilen Bahn
Das hohe Ziel des Menschenlebens.

Er flößt uns Trost ein in der Not.
Und hab' ich einst den Berg erklommen,
Und zeigt sich endlich dann der Tod,
So sei er herzlich mir willkommen.[66]

6. November 1880

6. Weltschmerzler, Pessimisten und Selbstmörder

Wie bei seiner lyrischen Produktion der Jugendzeit ist Franklin auch beim Erwerb von Wissen ein Autodidakt, der sich während der Schulzeit allerlei herausnimmt. Seine souveräne Missachtung des Autoritätsanspruchs der Schule und ihrer Lehrer führt unvermeidlich zu Konflikten, die dadurch verschärft werden, dass auch der Vater, seiner politischen Überzeugung gemäß, jede staatliche Machtausübung missachtet und sich auf die Seite des Sohnes schlägt.

Das Portrait des Kantonsschülers Franklin zeigt ein Gesicht, das mit seinem Bärtchen und dem Zwicker auf der Nase einem Dandy gleicht. Ohne Frage ist er eine außergewöhnliche Erscheinung. Komplett mit Kneifer, Bart, Uhrenkette, und Chapeau claque ausgestattet, wie wir ihn von späteren Aufnahmen kennen, ist der Bürgerschreck eine Zeitbombe, die zu allen Untugenden bereit ist. Franklin befindet sich zu dieser Zeit in seiner so genannten Weltschmerzphase, wie er diese Jahre selbst nennt. Der Siebzehnjährige vertritt die Meinung, die Umkehrung aller Werte propagieren zu müssen. Den Beweis hierzu liefert er mit seinen amourösen Abenteuern, den Zechgelagen und dem Liebäugeln mit dem Selbstmord. Den gleichen Tenor hat auch eines seiner Gedichte, das Sophie Haemmerli-Marti in den Aarauer Neujahrsblättern 1942 wiedergibt und das den Titel *Entschluß* trägt. Hier ein Auszug:

> Brüder, laßt uns Räuber werden,
> Laßt uns plündern, brennen, töten!
> Die Gemüthlichkeit auf Erden
> Ging ja doch schon lange flöten... [...]
>
> Denn zur Allgewaltsregierung
> Die den Menschen zwingt zu leben
> Paßt viel besser die Verthierung
> Als sein ideales Streben.[67]

Franklin hat in den frühen achtziger Jahren aus nächster Nähe die Selbstmorde mehrerer Klassenkameraden miterlebt. Auf dem Heimweg von der Kneipe stieß er eines Abends mit seinem Freund Oskar Schibler in der Nähe der Kettenbrücke auf eine Bank, wo man gerade dabei war, zwei Kantonsschüler auf der Totenbahre wegzutragen. Sie hatten mit ihren Problemen keinen anderen Ausweg gefunden, als sich gegenseitig zu erschießen. 'Kater' und 'Hildebrand', wie sich Franklin und Oskar Schibler nannten, waren zutiefst erschüttert. Franklin ist außer sich, tränkt sein Taschentuch in der Blutlache und bittet den Freund auf den Knien um seine Pistole, um den Kameraden folgen zu können. Nur mit Mühe kann ihn Oskar Schibler beruhigen und vom Selbstmordgedanken abbringen. Zum Angedenken an die Toten schließt man mit einer gestohlenen Flasche Rotwein Blutsbrüderschaft.[68] Sophie Haemmerli-Marti glaubt, dass die innige Freundschaft, die Franklin mit Oskar Schibler verbindet, aus dem gemeinsamen Schlüsselerlebnis der unheimlichen Verlockung des Todes nach dem Selbstmord der Kameraden entspringt. Die schrecklichen Ereignisse schlagen sich in den Gedichten *Der Abend* (S. 150) und *Lebensmüde* nieder. Letzteres ist 1882 entstanden und lautet:

Ich schlief so süß die ganze Nacht,
Als wär' ich längst gestorben.
Da tönt' ein Schrei, ich bin erwacht.
Mein Schlummer war verdorben.

Was mochte nur so schrecklich schrein,
Daß alle rings erwachten? -
Ja so, mein Nachbar hat ein Schwein,
Das wird er heute schlachten.

Da hab' in stiller Wehmutspein
Ich zu mir selbst gesprochen:
„Oh, wollte Gott, ich wär' das Schwein
Und würde abgestochen!"[69]

Auf den geschilderten einschneidenden Erlebnissen basiert auch das Gedicht *Mein Epitaphium* (S. 152). Nachdem in der Aarauer Wochenzeitung bezüglich der Selbstmordwelle der Gymnasiasten ein Leitartikel erscheint, in dem man der Schule vorwirft, nur Wissen zu vermitteln anstatt den ganzen Menschen zu bilden, fühlt sich die Schulleitung des Gymnasiums veranlasst, den Schülern ins Gewissen zu reden. Franklin nimmt zu dieser misslungenen Standpauke spontan Stellung. Er findet, dass der Rektor äußerst ungeschickt auf die beiden Suizide reagiert habe, wie aus seinem in Knittelversen gehaltenen Gedicht *Sancta Simplicitas* hervorgeht:

Was der hohe Erziehungsrat beschlossen,
Nachdem sich zwei so hoffnungsvolle Jünglinge erschossen,
Und wie sich die Sache nun weiter macht,
Sei hiermit den Schülern zur Kenntnis gebracht.

Es ist nämlich verboten, am frühen Morgen
In der Kneipe schon für den Magen zu sorgen,
Denn solches wird bezeichnet als sehr lasterhaft
Von der ganzen hochzuverehrenden Lehrerschaft...[...]

Ja, es war eine schreckliche Geschichte!
Der Rektor stand da, wie vor dem Jüngsten Gerichte,
Als er jene Rede zu halten anfing,
Mit der er schon seit drei Tagen schwanger ging.[70]

Franklin Wedekind (Mitte) mit seinem Bruder Armin (rechts) und Walther Oschwald, dem späteren Mann von Erika Wedekind, 1885.

Im Winter 1885 gibt es noch einen weiteren Freitod zu beklagen. Es ist ein Freund und Mitarbeiter des 'Dichterbundes Senatus poeticus', Moritz Dürr, der auf spektakuläre Weise sein Leben beendet. Der Dichter setzt ihm in der Gestalt des Selbstmörders Moritz Stiefel in seiner Kindertragödie *Frühlings Erwachen* ein bleibendes Denkmal.

Franklin verbindet mit mehreren Klassenkameraden eine enge Freundschaft. Vor allem die Mitglieder des Lenzburger Dichterschule 'Senatus poeticus' sind über Jahre hinweg wichtige Briefpartner, mit denen er sich austauscht. Hierzu zählen, wie bereits erwähnt, Walter Laué, Adolp Vögtlin und Oskar Schibler. Oskar Schibler wird Regierungsrat im Kanton Aarau werden, Adolph Vögtlin Literaturwissenschaftler an der Universität in Zürich und Walter Laué Oberbürgermeister in Köln. Auch mit Walter Oschwald wird Franklin in Kontakt bleiben, da dieser seine Schwester Erika heiratet und damit zur Familie zählt. Neben der 'Dichterschule' sind das 'Liebhabertheater' und der 'gemischte Chor Frohsinn' (Abb. S. 149) wichtige kulturelle Mittelpunkte in Lenzburg.

In mehreren Briefen an Oskar Schibler teilt Franklin ihm im September 1881 mit, dass er Atheist sei und jeden göttlichen Ursprung ablehne. Er geht noch weiter, indem er selbst die Barmherzigkeit und Nächstenliebe in Frage stellt und statt dessen den Egoismus preist:

> Der Mensch kommt mit mancherlei Gaben auf die Welt. Schon bei kleinen Kindern bemerkt man, daß das eine gern, das andere ungern gibt, daß das eine barmherzig, das andere gefühllos ist. Niemand macht den Kindern daraus einen Vorwurf oder einen Verdienst. Man sucht ihnen höchstens dies abzugewöhnen, jenes beizubringen. In vielen Fällen bleibt aber auch die Erfüllung dieser Pflichten aus und die Anlagen entwickeln sich ungestört. Bald treten sie aber als Glieder der Gesellschaft ins Leben hinaus, und da heißt es gleich: der ist gut, jener schlecht; der freigiebig, jener geizig. Die Schlechten und Geizigen werden zu Egoisten qualifiziert und der Haß und Fluch der Welt lastet auf ihnen. - Fragen wir nun, welche glücklicher sind: die Gehaßten oder die Geliebten? [...]
> Ist das eine Barmherzigkeit, Deine Nächstenliebe? - Jene Unglücklichen scheltet Ihr Egoisten! - Seid Ihr besser als sie, Ihr Heiligen unter den Menschen? Laßt Euch den Schafspelz ausklopfen, und überall kommen die gleichen, egoistischen Wölfe heraus!![71]

Noch bevor sich Wedekind mit der Sexualität auseinander setzt, beschäftigt er sich mit dem Pessimismus, einer Strömung der zeitgenössischen Philosophie. Im Rahmen dieser philosophischen Fragen pflegt er einen regen Gedankenaustausch mit der Schulfreundin seiner Mutter, Olga Plümacher, von ihm kurz die 'philosophische Tante' genannt. Zahlreiche Schriften aus seiner Jugendzeit tragen die morbiden Züge dieser philosophischen Richtung, so auch das bereits erwähnte Gedicht *Eduard von Hartmann* (S. 142). Typisch für diese Übergangsphase ist auch das

Bänkellied *An wen?* (S. 156), während das Poem *An mich* (S. 158) eine Mischung zwischen Weltschmerz und persönlicher Familientragödie im Elternhaus darstellt.

Es vergehen nicht einmal zwei Jahre und schon macht sich Franklin über die Todessehnsucht und den Pessimismus in seinem Poem *An die Weltschmerzler* (S.160) lustig, das er im Winter 1882/83 schreibt. Den Begriff 'Weltschmerzler' hat er aus dem Vokabular seiner 'philosophischen Tante' übernommen. Zu diesem Zeitpunkt hat sich Franklin bereits vom Pessimismus distanziert, da er dessen negative Bilanz nicht mehr ziehen möchte. Angesichts der handfesten Liebeswonnen mit Bertha Jahn dürfte er die Weltschmerzler jetzt als grimmige Puritaner empfunden haben. Diese Meinung vertritt er auch in *Meinem lieben Oskar* (S. 162). Zur Bekräftigung beginnt das Gedicht mit einem Zitat von Horaz. Franklin versucht hier den Sinn des Lebens und der Freundschaft darzulegen, um am Ende eine positive Bilanz zu ziehen und zu genießen.

Auch die Selbstmorde der Klassenkameraden aus der Kantonsschule sind jetzt überwunden. Für Franklin zählt nicht mehr das Negative, da er dem Leben durch die Entdeckung von Genuss und Geschlechtlichkeit eine positive Seite abgewinnt. Mit dem Einzug ins Knabengymnasium trifft er auf eine neue Herausforderung. Vor den jungen Männern, von denen er sich in der Gymnasiasten-Verbindung 'Industria' umgeben sieht, kann er nicht mit den schmachtenden Liebesgedichten imponieren, die den Lenzburger Mädchen und ihren Müttern bisher den Kopf verdreht haben. Nun wird philosophiert. Franklin wird zum 'amicus Helvetiae philosophicae'[72] ernannt und damit zum Mitglied eines weiteren Geheimbundes. Aus dieser Zeit stammen die beiden Gedichte *Oda sacrata amico Hildebrand* (S. 168) und *Zum neuen Jahr 1881* (S. 174).

Bei seinen Schulkameraden ist Franklin für seine respektlosen Poeme gegen moralischen Starrsinn und bürgerliches Duckmäusertum berühmt. Für seine satirischen Gelegenheitsdichtungen, wie sie als Vortrag bei den Kneipenabenden der Gymnasiasten-Verbindung von den Schulfreunden erwartet werden, bewährt sich der stilisierte Bänkelton Gottfried August Bürgers und der Goethesche Knittelvers. Vielen dieser Travestien wird nach Art eines 'Kommersbuches' eine bekannte Melodie für den Rundgesang unterlegt, so dass sie bereits an seine späteren Bänkellieder erinnern. In der beabsichtigen Disharmonie von Form und Idee zeigt sich bereits hier seine Tendenz zur Groteske. Seine Erotik schlägt sich nun in zotigen Kneipenliedern und Balladen nieder, die er auf Bestellung produziert und mit denen er durch seine teils humorig, teils makabren Wirkmittel zur Erneuerung der deutschen Ballade beitragen wird.[73]

Der 'gemischte Chor Frohsinn' und die Stadtmusik am Bezirkssängertag 1903.

Da kracht der Himmel, die Erde bebt,
Es zittert die Athmosphäre,
Und meine sündige Seele verschwebt
Ins duftige, luftige Leere.

Der Abend.

~~Komm~~ Lieber Freund, wir wolln es wagen
Unter dieser Trauerweide! —
Lass das Jammern, lass das Klagen!
Hier ist Gift genug für beide! —

So, das möchte wol genügen. —
Wolln uns hier ein wenig legen.
Schon seh' ich in deinen Zügen
Sich den ~~grauen~~ blassen Tod bewegen.

Da kracht der Himmel, die Erde bebt,
Es zittert die Atmosphäre;
Und meine sündige Seele verschwebt
In duftige, luftige Leere. -

Der Abend

Lieber Freund, wir woll'n es wagen
Unter dieser Trauerweide!-
Lass das Jammern, lass das Klagen!
Hier ist Gift genug für beide! -

So, das möchte wohl genügen. -
Woll'n uns hier ein wenig legen.
Schon seh' ich in Deinen Zügen
Sich den blassen Tod bewegen. [74]

Mein Epitaphium.

O, Wandrer, stehe still und weine
Dich aus an ~~die~~ meiner Grabesstatt!
Darinnen liegen die Gebeine
Von dem, der dies gedichtet hat.

Sein Name wurde längst vergessen.
An dieser Stelle ruht der Schrein.
Wenn ihn die Würmer nicht gefressen,
So wird er noch zu finden sein.

Es nahm die Welt einst schrecklich Wunder,
Wohin die Seele sei verbannt. —
Hier, Freund, hier ruht der ganze Plunder
Noch ungeschieden beieinand.

Mein Epitaphium

O, Wandrer, stehe still und weine
Dich aus an meiner Grabesstatt!
Darinnen liegen die Gebeine
Von dem, der dies gedichtet hat.

Sein Name wurde längst vergessen.
An dieser Stelle ruht der Schrein.
Wenn ihn die Würmer nicht gefressen,
So wird er noch zu finden sein.

Es nahm die Welt einst schrecklich Wunder,
Wohin die Seele sei verbannt. -
Hier, Freund, hier ruht der ganze Plunder
Noch ungeschieden beieinand'.

Scharr' ihn empor aus seiner Höhle,
Und heb' ihn auf; du wirst es sehn:
Der Leib zerfällt, es sinkt die Seele,
Und wie war beides einst so schön!

Jetzt aber geh in deine Schenke
Und trink und streck dich auf die Spreu!
Und liegst du einst im Tod, so denke
Daran, wie deine Zukunft sei! ——

Lehre.

Willst du dir in der Welt
Nachruhm erstreiten,
So leb' als ~~grosser~~ Held
Und stirb bei Zeiten!!

Scharr' ihn empor aus seiner Höhle,
Und heb' ihn auf; Du wirst es sehn;
Der Leib zerfällt, es stinkt die Seele,
Und wie war beides einst so schön!

Jetzt aber geh in Deine Schenke
Und trink und streck Dich auf die Spreu!
Und liegst Du einst im Tod, so denke
Daran, wie Deine Zukunft sei! -

Lehre

Willst Du Dir in der Welt
Nachruhm erstreiten,
So leb' als großer Held
Und stirb bei Zeiten!![75]

An wen?

Ich fliehe, Kind, in deine Arme,
Daß ich an deiner Brust erwarme.
Das Leben ist so kalt und leer.
Bei dir zu lieben und zu leiden,
In deinen Armen zu verschwinden —
Sonst such ich auf der Welt nichts mehr.

Gestritten hab' ich und gerungen.
Doch Alles, Alles ist mißlungen
Und jede Zuversicht dahin.
Schon stand ich an des Todes Pforte,
Da hört ich plötzlich deine Worte
Und du warst meine Retterin.

Den schönsten Himmel seh ich offen.
Ach laß mich nicht vergebens hoffen!
Führ den Verzweifelten hinein!
Sonst so will' ich auf des Todes Schwingen
In eine andre Welt zu dringen,
[illegible] unmöglich schlafen sein!

November 1880.

An wen?

Ich fliehe, Kind in Deine Arme,
Dass ich an Deiner Brust erwarme.
Das Leben ist so kalt und leer.
Bei Dir zu lieben und zu leiden,
In Deinen Armen zu verscheiden -
Sonst such ich auf der Welt nichts mehr.

Gestritten hab' ich und gesungen.
Doch alles, alles ist misslungen
Und jede Zuversicht dahin.
Schon stand ich an des Todes Pforte.
Da hört' ich plötzlich Deine Worte,
Und Du warst meine Retterin.

Den schönsten Himmel sah ich offen.
Ach lass mich nicht vergebens hoffen!
Führ den Verzweifelten hinein!
Sonst eil' ich auf des Todes Schwingen
In eine andre Welt zu dringen,
Sie kann unmöglich schlechter sein![76]

November 1880

An Mich.

Wenn dir ein Schaden am Leibe frißt,
Jammere nicht sondern handle;
Und wenn du glücklich genesen bist,
Nimm dein Bett und wandle.

Ärgert dein Aug' dich, so reiß es aus,
Sonst ärgert es dich an beiden;
Und keift dir ein schlimmes Weib zu Haus,
So geh und lasse dich scheiden.

Und wird dir das Leben und Lieben zu dumm,
Dichte, schlichte, verzichte;
Und [illegible] das Publikum
Nicht erst durch Weltschmerzgedichte.

An mich

Wenn Dir ein Schaden am Leibe frisst,
Jamm're nicht sondern handle;
Und wenn Du glücklich gewesen bist,
Nimm Dein Bett und wandle.

Ärgert Dein Aug' Dich, so reiß es aus,
Sonst ärgert es Dich an beiden;
Und keift Dir ein schlimmes Weib zu Haus,
So geh und lasse Dich scheiden.

Und wird Dir das Beten und Fasten zu dumm,
Richte, schlichte, verzichte;
Und haranguiere das Publikum
Nicht erst durch Weltschmerzgedichte.[77]

An die Weltschmerzler.

O, ihr erbärmlichen Knechte der Zeit,
Ihr wollt die Schöpfung verachten;
Je unverschämter, je blinder ihr seid,
Desto höher glaubt ihr zu trachten.

Der Glaube floh und der Weltschmerz blüht,
Der Pessimismus ward Mode.
Da singt ihr nun ewig das nemliche Lied
Und jammert und quält uns zu Tode.

Ist euch verleidet der Menschen Trug,
Nun wol, so lasset das Keifen.
Ein jedes Flüsschen hat Wassers genug,
Euch sämmtliche zu ersäufen.

Ihr spottet des Lebens und bildet euch ein,
Ihr ständet erhaben darüber
Und schaut ihr ein schimmerndes Mädchenlein,
So überfällt euch das Fieber.

An die Weltschmerzler

O, Ihr erbärmlichen Knechte der Zeit,
Ihr wollt die Schöpfung verachten;
Je unverschämter, je blinder Ihr seid,
Desto höher glaubt Ihr zu trachten.

Der Glaube floh und der Weltschmerz blüht,
Der Pessimismus ward Mode.
Da singt Ihr nun ewig das nämliche Lied
Und jammert und quält Euch zu Tode.

Ist Euch verleidet der Menschen Trug,
Nun wohl, so lasset das Keifen.
Ein jedes Flüsschen hat Wassers genug,
Euch sämtliche zu ersäufen.

Ihr spottet des Lebens und bildet Euch ein,
Ihr ständet erhaben darüber;
Und schaut Ihr ein schimmerndes Mädchenbein,
So überfällt Euch das Fieber.-[78]

Meinem lieben Oskar.

Odi profanum vulgus et arceo.
Horaz.

Verlass der Sterblichen nüchterne Spur! –
Weh dem, den Menschen gemeistert!
Sie wissen nichts von der edlen Natur,
Die unsere Seele begeistert.
Sie kleben am staubigen Boden der Welt
Und suchen im Irdischen Klarheit.
Doch was sie dort unten gefesselt hält,
Das führet uns aufwärts zum Sternenzelt
Das zeigt uns die ewige Wahrheit. –

Meinem lieben Oskar

Odi profanum vulgus et arceo.
Horaz.

Verlass der Sterblichen nüchterne Spur! -
Weh dem, den Menschen gemeistert!
Sie wissen nichts von der edlen Natur,
Die unsere Seele begeistert.
Sie kleben am staubigen Boden der Welt
Und suchen im Irdischen Klarheit.
Doch was sie dort unten gefesselt hält,
Das führet uns aufwärts zum Sternenzelt,
Das zeigt uns die ewige Wahrheit. -

Verachte, was der Philister liebt,
Ein stilles, beschauliches Leben!
Du weisst, dass es höhere Ziele giebt,
Dem klaren Geist zu erstreben.
Vor deinen Augen das Ideal,
Es soll dich schützen und lenken. —
Der Menschen Treiben ist matt und schaal.
Du aber bleib' ein Original
Im Handeln, Reden und Denken!

Es wachsen die Erdensöhne so dicht
Allüberall, wo ich wandre.
Jedoch betracht ich sie näher beim Licht,
Ist einer genau, wie der andre.
Ich seh sie ~~An~~gemal~~te sie hin~~, weder gut noch schlecht
In gräulich wässrigem Tone.
Dabei — versteh ich die Bibel recht —
War Gott im Himmel dem ganzen Geschlecht
Die allgemeine Schablone.

Verachte, was der Philister liebt,
Ein stilles, beschauliches Leben!
Du weißt, dass es höhere Ziele gibt,
Dem klaren Geist zu erstreben.
Vor Deinen Augen das Ideal,
Es soll Dich schützen und lenken. -
Der Menschen Treiben ist matt und schal.
Du aber bleib' ein Original
Im Handeln, Reden und Denken!

Es wachsen die Erdensöhne so dicht
Allüberall, wo ich wandre.
Jedoch betracht ich sie näher beim Licht,
Ist einer genau, wie der andre.
Ich seh sie weder gut noch schlecht,
In graulich wässrigem Tone.
Dabei - versteh ich die Bibel recht -
War Gott im Himmel dem ganzen Geschlecht
Die allgemeine Schablone.

„Er eine Schablone!" — Das nennst du Spott?
Nun wol! Was ist dran gelegen? —
Sei du dir selber der höchste Gott
Und geh auf eigenen Wegen!
Die Welt ist dein auf geraume Zeit;
Entschliesse dich, sie zu nützen:
Erwähle die Sonne zu deinem Geleit
Und donnre hinab in die Nichtigkeit
Mit hell aufleuchtenden Blitzen!

Dann sieh, wie ob deinem gewaltigem Ton
Die armen Würmer erstaunen:
Sie fahren zu~~sammen~~ auf, als ~~hörten~~ vernähmen sie schon
Die Klänge der jüngsten Posaunen. —
Dann lass uns ewigen Freundschaftsbund
Hoch über den Sterblichen schliessen. —
Sie werden geboren, sie wachsen und
Dann zeugen sie Kinder und gehen zu Grund.
Wir aber wollen *geniessen*.

„Er eine Schablone!" - Das nennst Du Spott?
Nun wohl! Was ist daran gelegen? -
Sei Du Dir selber der höchste Gott
Und geh auf eigenen Wegen!
Die Welt ist Dein auf geraume Zeit;
Entschließe Dich, sie zu nützen:
Erwähle die Sonne zu Deinem Geleit
Und donn're hinab in die Nichtigkeit
Mit hellaufleuchtenden Blitzen!

Dann sieh, wie ob Deinem gewaltigen Ton
Die armen Würmer erstaunen.
Sie fahren zuhauf, als vernehmen sie schon
Die Klänge der jüngsten Posaunen. -
Dann lass uns ewigen Freundschaftsbund
Hoch über den Sterblichen schließen. -
Sie werden geboren, sie wachsen und
Dann zeugen sie Kinder und gehen zu Grund.
Wir aber wollen genießen.[79]

Oda

sacrata

amico, condiscipuloque, compotorique

Hildebrand!

in summa amicitia

a

Katere.

1. Philosophierender,
[illegible]
Immer [illegible],
Jugend bewahrender
Göttlicher Mensch!

2. Durch die schwersten Schicksalsschläge
Dringst du ohne dich umzusehen;
Doch steht ein König am Wege,
Kannst du nicht vorübergehn!

3. Gern [illegible] du,
[illegible] du,
Herrlich [illegible] du,
Ostern auch [illegible] du
[illegible]!

verte!

Oda
sacrata
amico, condiscipuloque, compotorique
Hildebrand
in summa amicitia
a
Katere

Philosophierender,
Nie präparierender,
Immer abfahrender,
Tugend bewahrender,
Göttlicher Mensch!

Durch die schwersten Schicksalsschläge
Fliegst Du ohne umzusehn;
Doch steht eine Kneip am Wege,
Kannst Du nicht vorübergehn.

Gern karessierest Du,
Besen verführest Du,
Herrlich trompetest Du,
Öfters auch betest Du
Großes Genie!

Also träumst Du durch das Leben
Mit dem Bierglas in der Hand
Und rauchst O.... daneben,
Vielgepriesener Hildebrand!

Nicht zu vergessen ist,
Dass Du ein Turner bist
Und den gefüllten Wanst
Mörderisch krümmen kannst
  Wie das Gewürm.

Doch aus einer edlen Sphäre
Stammet diese Riesenkraft:
Saufst, wie wenn es Wasser wäre
Schnaps und Wein und Gerstensaft.

In der vollen Kneipe zu cantieren,
Den Dreibatzigen zu tribulieren,
Mit dem Besen zu korrespondieren
  Das ist Dein Genuss.
Wenn sie auch die Briefe refüsieren,
Wenn Du sonntags darfst den Karzer zieren,
Kannst Du Deinen Mut doch nicht verlieren,
  Dir ist's kein Verdruss.

Wenn dann die ganze Welt
Einstmals in Trümmer fällt,
Gerstensaft, Schnaps und Wein
Fließt in das Meer hinein:

9. Dann erhebt sich aus dem Graben,
In der dürren Todtenhand
Ein Glas Bier, die einz'ge Habe,
Unser vulgo Hildebrand.

10. Auf das Wohlsein seiner Brüder
Leert er es auf selbger Stelle
Bis zum Grund, dann sinkt er nieder,
Wird zu Staube und fährt zur Hölle.

November 1879.

Dann erhebt sich aus dem Grabe,
In der dürren Totenhand
Ein Glas Bier, die einzge Habe,
Unser vulgo Hildebrand.

Auf das Wohlsein seiner Brüder
Leert er es auf selbger Stelle
Bis zum Grund, und setzt es nieder
Wird zu Staub und fährt zur Hölle.[80]

November 1879

Zum neuen Jahr 1881

caro amico

Hildebrand

Das alte Jahr mit seinen grossen Düften,
Mit Pfeifen und Cigarrenetuis,
Es ist hinunter, und in unsern Lüften
Entwickelt sich ein neues Paradies. —

Noch suchen wir nicht die Glückseligkeit
In Kinderschuhen, die wir erst zertreten,
Bei [illegible] und bei [illegible] —
Verachtung nur trifft die Vergangenheit.

In ferner Zukunft schweifen unsre Blicke,
Und leichten Herzens ziehen wir verwegen
Den schönen Schwingen aller Welt entgegen
Und kämpfen mit dem Schicksal neuer Tücke.

Zum neuen Jahr 1881

caro amico

Hildebrand.

Das alte Jahr mit seinen großen Töpfen,
Mit Pfeifen und Zigarrenetuis,
Es ist hinunter, und in unsern Köpfen
Entwickelt sich ein neues Paradies. -

Noch suchen wir nicht die Glückseligkeit
In Kinderschuhen, die wir erst zertraten,
Auf Schaukelpferden und bei Zinnsoldaten -
Verachtung nur trifft die Vergangenheit.

In ferne Zukunft schweifen unsre Blicke,
Und leichten Herzens ziehen wir verwegen
An Plänen schwanger aller Welt entgegen
Und kämpfen mit des Schicksals arger Tücke.

Nun ist uns jedes neue Jahr willkommen,
Wir fragen nicht, was bringst du uns auf Erden?
Doch fragen wir, was wir ihm bringen werden?
Der [illegible] [illegible] ist uns noch nicht genommen.

So können wir noch hoffnungsvoll [illegible].
Und wünschen die lieben alten Väter
[illegible] nichts so gerne denken, als an gestern —
Wir träumen immer zwanzig Jahre später.

Gar oft [illegible] ich Jugendträume süß und [illegible],
Und gern vergäß ich auch auf alle andern
Erfüllung, wenn mir wahr wird, was ich träume,
Daß ich mit dir soll durch das Leben wandern.

Auch gratulier' ich herzlich deinem Vater.
~~Und~~ [illegible] leg' ich einen [illegible] bei.
Vergiß im Leben niemals deinen „Kater“
Und stoß dich nicht an dieser [illegible].

Sylvester 1880.

Drum ist uns jedes neue Jahr willkommen,
Wir fragen nicht, was bringt es uns auf Erden?
Erst fragen wir, was wir ihm bringen werden?
Der Freiheit Wahn ist uns noch nicht genommen.

So können wir noch hoffnungsvoll sylvestern.
Und währenddem die lieben alten Väter
An nichts so gerne denken, als an gestern -
Wir träumen immer zwanzig Jahre später.

Zwar weiß ich, Jugendträume sind nur Schäume,
Und gern verzicht ich auch auf aller andern
Erfüllung, wenn nur wahr wird, was ich träume,
Dass ich mit Dir soll durch das Leben wandern.

Auch gratulier' ich herzlich Deinem Frater.
Von Armin leg' ich eine Karte bei.
Vergiss im Leben niemals Deinen „Kater"
Und stoß Dich nicht an dieser Sudelei.[81]

Sylvester 1880

7. Das Frauenbild Wedekinds

Mit vierzehn Jahren schreibt Franklin für seine dreijährige Schwester Emilie zu Weihnachten 1879 das bereits erwähnte Kinderepos *Der Hänseken*. Mit Illustrationen des älteren Bruders Armin versehen, wird das Buch 1896 bei Albert Langen in München mit einer Auflage von 2000 Exemplaren veröffentlicht. Franklin hat in diesem Epos gleich zwei Kinderbuchautoren seine Reverenz erwiesen: Theodor Storms Märchen *Der kleine Häwelmann* (1849) und Heinrich Hoffmanns *Struwwelpeter* (1844). Auch eine gewisse Nähe zu Büchners *Woyzeck* (1878), mit der trostlosen Weltraumfahrt im Märchen von der Großmutter, lässt sich nicht übersehen. In Hinblick auf die psychologische Konstellation innerhalb der Familie Wedekind drängt sich jedoch noch eine andere Leseart auf, die das komplizierte Verhältnis zwischen der schönen herrischen Mutter und dem sie verehrenden Sohn verrät. Bereits der erste Vers, in seiner kindlichen Unschuld, macht den Leser hellhörig:

> In einer Kammer Dunkelheit
> Schläft unser Hänschen und Mama.
> Sie träumt von guter alter Zeit,
> Der Kleine treibt Allotria...[...]

Wie im *Häwelmann* beginnt die Abenteuerreise des kleinen Hänseken mit dem Ungehorsam gegen die Mutter. Sein 'mehr! mehr!' bezieht sich auf seine Plauderlust zur Schlafenszeit. Wenig überzeugt von der Ruhebedürftigkeit der Mutter, macht sich Hänseken schließlich, auf dem Mondschweif reitend, auf die Suche nach immer neuen Spielgefährten. Doch weder der Wetterhahn noch die Tiere des Waldes zeigen Interesse an seinem nächtlichen Spielbedürfnis. Selbst die Sterne wenden sich von ihm ab. Nachdem er zu Beginn des Morgens seine Reise noch immer nicht beenden will, purzelt er hinab auf die Erde, mitten in einen Tintenweiher, den sein Bruder beim Schreiben seiner Strafarbeit mit einem umgestürzten Tintenfass verursacht hat. Als Mohrenkind zurückgekehrt, verstößt ihn selbst die eigene Mutter. Verzweifelt sucht er in der Stadt ein neues zuhause. Nachdem niemand den Ausreißer aufnehmen will, lässt er sich auf einem Kahn den Fluss hinunter treiben, bis er in das Land der schwarzen Leute kommt, wo ihm eine schwarze Mama erlaubt, ihr 'die Zeit zu vertreiben':

> Nun zieht man die Moral daraus,
> Die sich ja wohl der Mühe lohnt.
> Vor allem: Bleibe nachts zu Haus!
> Und reite niemals auf dem Mond!
> Und wenn die Weißen dich mißhandeln,
> Kannst du nur zu den Mohren wandeln.[82]

Verlag Albert Langen Paris, Leipzig, München, 1896.[83]

Franklins kindliche Phantasie dient nicht nur zur Erheiterung der kleinen Schwester. Sie zeigt vielmehr deutliche Hinweise auf die Beschaffenheit seiner starken und problematischen Mutterbindung. Zur Zeit von Franklins ersten Experimenten in 'Realpsychologie' steht die Mutter im Zenit ihres Lebens. Der Vater hingegen ist alt, misstrauisch und vereinsamt.

Franklins Jugendjahre sind geprägt vom Einfluss vierer Frauen: seiner Mutter, der Cousine Minna von Greyerz, Olga Plümacher - seiner 'philosophischen Tante' und Bertha Jahn - seiner 'erotischen Tante'-. Olga Plümacher und Minna von Greyerz dürfen als gebildete 'höhere Töchter' gelten, während Bertha Jahn und seine Mutter keine besondere Erziehung genossen haben. In seiner Typologie verkörpern sie damit zwei entgegengesetzte weibliche Wesensarten. Während der intensive Einfluss der Mutter auf Franklin ungebrochen anhält, haben andere Begegnungen mit reiferen Frauen den Charakter von zeitlich beschränkten Episoden, die teilweise parallel verlaufen. Dessen ungeachtet unterzieht er sie alle, ohne dass sie es bemerken, seinen so genannten 'realpsychologischen Experimenten', intensiven Studien am lebenden Objekt. An jede der genannten Frauen stellt er einen anderen pädagogischen Anspruch.

Emilie Wedekind, geb. Kammerer als junge Frau in Hannover

Zur Zeit von Franklins ersten Experimenten in 'Realpsychologie' ist die Mutter in den besten Jahren und hat sich die Rolle als Erzieherin der Kinder und souveräner Haushaltsvorstand angeeignet. Die Schlossherrin beginnt zu regieren, zu schalten und zu walten, versorgt die Ländereien und die Weinberge. Sie organisiert die Wasserzufuhr und schafft vier Esel an, die täglich Krüge mit frischem Wasser von der Stadt heraufschleppen. Sie ist eine attraktive Vierzigerin, voller Energie und Lebenslust, deren Geburtstag von ihren Kindern alljährlich festlich begangen wird.

Dennoch wundert man sich, wie kindlich sich der zwanzigjährige Sohn in dem Gratulationsgedicht *Meiner lieben Mutter* (S. 185) ausdrückt. Hier zeigt sich im Vergleich zu seinen anderen lyrischen Produkten, die von provozierenden Sentenzen nur so strotzen, ein deutlicher Widerspruch. Auf diese Diskrepanz in seinem Verhalten treffen wir bis zuletzt auch in den Briefen an seine Eltern. Auf der einen Seite verkörpert er den allzu angepassten Sohn, auf der anderen Seite ist er der Rebell und Bürgerschreck, der Wolf im Schafspelz.

Bereits ein Jahr vor dem Gratulationsgedicht entsteht 'der Mutterkuss' im Sinne eines frommen Kindergebetes. Der Mutterkuss ist der erste Teil des Gedichts *Der Kuss in seiner Entstehung und Fortentwicklung bis zur höchsten Vollkommenheit nach dem Leben dargestellt.* Auf dem hier abgebildeten Deckblatt (S. 186) des im Spätsommer 1884 geschriebenen Poems, das Bertha Jahn gewidmet ist, unterzeichnet der Autor mit hebräischen Buchstaben. Der Mutterkuss ist somit das erste Experiment in einer Versuchsreihe, das über den Kuss des Mädchens bis zum leidenschaftlichen Liebeskuss hinausgeht. Da die Abhandlung sehr umfangreich ist, sollen nur einige ausgewählte Strophen zitiert werden:

Der erste Kuß, den meine Lippe sog,
Das war ein Mutterkuß, wenn ich erwachte,
Wenn sie sich liebend zu mir nieder bog,
Und abends spät, wenn sie zur Ruh' mich brachte.

„Lieb Gott behüte dich und segne dich!"
Sprach sie. „Er laß dich gut und glücklich werden!" -
Sie sprach es langsam und herzinniglich,
Ich hört's mit kindlich gläubigen Gebärden...[...]

Kennst du die hohe, dunkle Gartenpforte,
Die treu verschwiegen an der Straße steht?
Wohl niemand ahnte, welche süßen Worte
In ihrem Schutz der Abendwind verweht...[...]

Und wie mir deine zarten Verse sangen
Von Sehnsuchtsschmerzen und von Liebeslust,
Da fasste mich ein selig-süßes Bangen,
Laut schlug das Herz in meiner jungen Brust...[...]

Der Kindheit unschuldsvolle zarte Spiele
Verwandelt in unendlichen Genuß -
O Laura, alle himmlischen Gefühle
In einem einz'gen Liebeskuß -

Im neuerschlossenem Elysium
Nahm ich als Lösung jeder Herzensqual
Von deinem Mund das heil'ge Abendmahl
Zum großen Liebesevangelium. -[84]
September 1884

Der junge Poet, der in der vorletzten Strophe seines Gedichtes den Kuss der Mutter mit späteren erotischen Erlebnissen in Verbindung setzt, bewegt sich hier haarscharf an der Grenze des Inzesttabus. Damit stellt sich die Frage, ob bei Franklin nicht klassische Anzeichen eines Ödipuskomplexes vorliegen. Dennoch hat bisher niemand den Verdacht ausgesprochen, dass Wedekinds naturhafte Verführerinnen in den intimsten Geheimnissen der Familie ihr Vorbild haben könnten. Somit liegt es nahe, dass der Sohn vor seinem inneren Auge das Bild der Mutter sieht, wie sie der Vater bei seiner Werbung in San Franzisko erlebt hat. Sie ist verführerisch, lasziv, sinnlich, eine Kindfrau, die zur Unzucht verleitet, fraglos das Urmodell zu seiner *Lulu*. Damit reiht sich dieses Gedicht in einen Zyklus ein, dem der junge Rebell einen wissenschaftlichen Aspekt verleihen möchte. Franklin entwickelt sich mit diesem Experiment bereits als Gymnasiast zum Esoteriker. Seine immanente Mystik begründet er mit dem 'besonderen Geist des Fleisches'.

Olga Plümacher-Hünerwadel, die 'philosophische Tante'

Olga Plümachers Denkschule bildet für Franklin das Gegenstück zur Lernschule des Aarauer Gymnasiums. Seine 'philosophische Tante' führt ihn nicht nur in das Denken Schopenhauers und Hartmanns, in die Prinzipien des Pessimismus und die Theorie des Unbewussten ein, sondern macht ihn zugleich mit Nietzsche vertraut. Damit hat sie starken Einfluss auf seine intellektuelle Entwicklung.

Die Verbindung von geistiger Überlegenheit und Herzenswärme in weiblicher Gestalt ist für Franklin eine völlig neue Erfahrung. Der Vergleich mit der gleichaltrigen Mutter ist unvermeidlich und fällt zu Gunsten Olga Plümachers aus. So vertraut er ihr und nicht der Mutter seine Herzensgeheimnisse an. Ihr teilt er als erster mit der Bitte um Verschwiegenheit mit, dass er sich, gegen den Wunsch des Vaters, bei seinem Studienaufenthalt in Zürich und München den schönen Künsten und nicht der Jurisprudenz gewidmet hat.[85]

Neben der Mutter und der 'philosophischen Tante' Olga Plümacher gibt es noch zwei weitere Frauen, die für Wedekinds Weltbild von Bedeutung sind, und die seine Sichtweise entscheidend prägen. Es sind dies die Cousine Minna von Greyerz auch 'Cousine Sturmwind' genannt, und die Apotheker-Witwe Bertha Jahn, von ihm als seine 'erotische Tante' bezeichnet. Auf Grund ihrer besonderen Bedeutung ist beiden Frauengestalten, die bereits im Rahmen der 'Lenzburger Dichterschule' erwähnt wurden, jeweils ein eigenes Kapitel gewidmet.

Wie die Tagebuchaufzeichnungen verraten, reflektiert Franklin noch 1892 über das Ziel seiner rastlosen Experimente. Er möchte aus seinen Serienversuchen in 'Realpsychologie' einen Befund ableiten, der ihm einen Einblick in die weibliche Psyche gewährt und damit das Verhalten der Frauen berechenbar machen soll. Entsprechend einer mathematischen Formel ordnet er den verschiedenen Frauentypen unterschiedliche Eigenschaften zu. Dafür prägt er den Begriff eines 'Schlüssel Salomonis', mit dem er innerhalb einer halben Stunde jedes weibliche Wesen erobern will.

Die Art der Beziehung zu den vier erwähnten Frauen hat einen nachhaltigen Einfluss auf Leben und Werk unseres Autors, sind sie doch grundverschiedene Varianten des Phantoms 'Weib', das zu enträtseln er sich zur Lebensaufgabe gemacht hat.

Meiner lieben Mutter

Zu ihrem Geburtstag 8. V. 85.

von ihrem getreuen Sohne

Franklin.

Meiner lieben Mutter
zu ihrem Geburtstag 8.V.1885

von ihrem getreuen Sohne
Franklin

Nicht zu der Menschheit Götzen kann ich beten,
Die mit der Mode jeden Tages ändern,
Heut hochverehrt in aller Herren Ländern
Und morgen elend in den Staub getreten.

Nicht will ich mich vor Hirngespinsten beugen,
Die mir die eigne Phantasie geboren;
Noch wall' ich mit dem Schwarm naiver Toren,
Vor kaltem Marmorbild mein Haupt zu neigen. -

Der Gott, der meine Seele längst durchglühte,
Der mich geliebt, bewacht und nie verlassen,
Er lebt und webt, mein Geist kann ihn erfassen,
An seiner Stärke nährt sich mein Gemüte.

So schreit' ich mutig vorwärts durch das Leben,
Wenn auch mein Los mich in die Ferne triebe.
Der Heil'ge Geist: Dein Segen, Deine Liebe,
Sie werden stets beschützend mich umschweben. -[86]

Der Kuss

im seiner Entstehung und Fortentwicklung bis zur höchsten Vollkommenheit,

nach dem Leben dargestellt

von

פרנכלן ודקנד:

Schloss Lenzburg, im Spätsommer a. D. 1884.

87

8. Die erotische Tante und andere Gespielinnen

Mitte der achtziger Jahre setzt sich das Zielpublikum für die poetische Präsentation Frank Wedekinds nicht mehr aus Schulmädchen und Klassenkameraden zusammen, sondern aus erwachsenen, oftmals verheirateten Frauen der Lenzburger Gesellschaft. Ihnen schickt er jetzt seine Bänkel- und Minnelieder, von denen die meisten in den Jahren 1883/84 entstanden. Seine poetischen Komplimente werden von den verheirateten Damen keineswegs als ungehörig empfunden. Auch wenn es Franklin mit seinem Minnedienst gar zu toll treibt, wird ihm das nicht verübelt. Dies gilt insbesondere für Bertha Jahn, die Frau des Apothekers. Als aktives Mitglied der 'Lenzburger Dichterschule' und des 'Caecilienvereins' wird sie mit seinen platonischen Liebesgedichten geradezu überhäuft. Alle Zeichen deuten darauf hin, dass der Gymnasiast die Begegnung mit reiferen Frauen sucht, um seinem Leben eine neue Wende zu geben. Dabei ist der Rebell auf der Suche nach einem bislang unbekannten Frauentyp, der gewillt ist, den Rahmen der lokalen Gesellschaftsordnung zu durchbrechen. Unter den jungen unverheirateten Vertreterinnen der Lenzburger Weiblichkeit kann er nicht fündig werden. Das kraftvolle Frauenideal, das Franklin vorschwebt, ist am ehesten unter den selbstbewussten verheirateten Frauen zu suchen. Dabei ist eine gewisse innere Verwandtschaft dieses Typs zu seiner Mutter nicht zu übersehen. Doch befinden sich alle in Frage kommenden Frauen in 'festen Händen' und sind damit für ihn unerreichbar. Ein Schicksalsschlag kommt dem Suchenden jedoch entgegen, als der Apotheker Jahn im September 1882 an 'galoppierender Schwindsucht' verstirbt. Seither lebt die Witwe mit ihren vier Kindern alleine. Franklin hat dieser begehrenswerten Frau zahlreiche schwärmerische Liebesgedichte gewidmet. Mit allen ihm zur Verfügung stehenden Mitteln bemüht er sich um die Gunst von Bertha Jahn, seiner 'erotischen Tante', wie er sie künftig nennt. Diese Episode bedeutet zweifelsohne ein zentrales sinnliches Erlebnis für Franklin, wird doch die 'realpsychologische' Studie durchbrochen und durch erste praktische Erfahrungen vertieft. Bertha Jahn, in seinen Liebesgedichten auch 'Laura', 'Ella' oder 'Erica' genannt, ist am 9. Februar 1839 geboren und damit 25 Jahre älter als Franklin. Sie stammt, wie ihre jüngere Schwester Fanny Oschwald, der späteren Schwägerin Wedekinds, aus der wohlhabenden Hugenottenfamilie Ringier. Ihr Domizil in Lenzburg ist das stattliche Herrenhaus 'Burghalde' (Abb. S. 130). Als Objekt seiner erotischen Begierde erregt Bertha Jahn ab Sommer 1884 sein besonderes Interesse. Sie wird nicht nur zu seiner Geliebten, sondern auch zur Kritikerin seiner Gedichte. Zunächst ist sie nur eine von vielen gleichzeitig Umworbenen, wie aus dem Datum der jeweiligen Gedichte hervorgeht. Dennoch ist ihr eines der anmutigsten, im Heine-Ton abgefassten Jugendgedichte mit dem Titel *Jubilate* (S. 196) gewidmet, das Franklin seinem Freund Oskar Schibler mit einem Brief am 27. Januar 1883 zukommen lässt. In diesem Brief, der im Gartenlaubenton seine Liebeserfahrungen beschreibt, müssen uns die Metaphern vom Paradies und dem Baum der Erkenntnis besonders interessieren, „da sie sich direkt auf die Entstehung des Gedichts beziehen“[88].

Bertha Jahn-Ringier, die 'erotische Tante'

Bertha Jahn ist ohne Zweifel für Franklin die wichtigste Begegnung in den Jahren 1883/84. In *Jubilate* (S. 196) verherrlicht er die Geliebte als 'die schönste von allen Frauen', die ihm in ihrem Reich Lebenslust gibt und sein glühendes Verlangen stillen kann. Animiert sie ihn doch dazu, sein geflügeltes Musenross zu satteln und ihr zu Ehren Verse zu schmieden. Auch in *Erika* (S. 210) überschüttet er sie mit Komplimenten. Um seiner 'erotischen Tante' zu schmeicheln, beschreibt er sie als seine 'große Sonne, seinen Tagesstern', von deren Glanz sein Auge geblendet wird. Die Treffen mit der Auserwählten finden meist im verschwiegenen und verwilderten Garten der Löwenapotheke, dem 'Paradiesgärtlein' wie ihn Franklin in seinen Versen nennt, statt. Dennoch lassen sich diese Treffen vor der Öffentlichkeit nicht geheim halten. Um dem Gerede der Lenzburger Philisterwelt zu entgehen, erwägt Franklin sogar kurzzeitig das Land zu verlassen und in Amerika auf den Spuren seines Vaters zu wandeln, wie aus dem Gedicht *O heißgeliebte Erika* (S. 212) hervorgeht. Zur Beteuerung seiner Liebeschwüre setzt er unter alle Strophen in hebräischer Schrift die Zeichen 'bei Tag und bei Nacht'. Fast scheint die Verschleierungstaktik ein Ende zu haben, wenn er zu Beginn des Gedichts seine Geliebte noch 'heißgeliebte Erika' nennt, während er nur wenig später zur Realität zurückkehrt und schreibt: 'O Bertha, Bertha, meine Lust'.

In einem weiteren Liebesgedicht, das der Lenzburger Minnesänger seiner 'erotischen Tante' mit dem Titel *An Bertha* (S. 216) widmet, versucht er seinen 'Schlüssel Salomonis' zu erproben. Er ist überzeugt, mit ihm jedes weibliche Wesen innerhalb kürzester Zeit erobern zu können. In dieser Liebeserklärung versichert ihr Franklin seine Gefühle und verbindet seine Sentimentalität mit einer gerissenen Strategie. Wie bei vielen tarnenden Unter- und Überschriften dieser Epoche schreibt er auch hier wieder zur besonderen Akzentuierung über das Gedicht und die einzelnen Strophen in hebräischen Schriftzeichen 'bei Tag und bei Nacht'. Ein Umstand, der auf die Verschleierungstaktik des Gymnasiasten hinweist, die er ein Leben lang als Schriftsteller und Schauspieler beibehalten wird.

Franklin versucht Bertha Jahn gefügig zu machen und schickt ihr am 16. September 1884 das Poem *Meine wilde Phantasie* (S. 222). Bereits am nächsten Tag erhält sie ein weiteres Liebesgedicht mit dem Titel *Erika* (S. 226), in dem Franklin die Sonnenmetapher preist. Die Sonne bedeutet ihm mehr als Licht und Wärme, er versteht sie als Symbol des Lebens, als Symbol des Sexus und somit als Lebensspender. Franklin entschuldigt sich, dass er mit seinen Worten das 'Heiligtum' der Geliebten entweiht habe und legt sich voller Demut zu ihren Füßen. Auch in dem Gedicht *Verzeih mir* (S. 228), das er nur drei Tage später abfasst, verwendet er wieder die Sonnenmetapher und hebräische Schriftzeichen.

Im September 1884 erfolgt die leidenschaftlichste Werbung, die sich in den so genannten *Kraterlieder[n]* (S. 230) niederschlägt. Die *Kraterlieder* liegen in Aarau gleich in mehrfacher Fassung vor. Meist sind die Gedichte mit den Initialen der Verfasser 'E' (Erika) und 'F' (Franklin) versehen. Bertha, die selbst mehrere Gedichte verfasst hat, nennt sich in den Gedichten 'die Herrin' und den jungen Liebhaber ihren 'Pagen', den sie davor warnt, am Abgrund des Kraters mit ihr zusammen Blumen zu pflücken. Bedenkt man das Alter Bertha Jahns und ihre Beziehung als mütterliche Freundin, so muss man diesem Kontakt eine ödipale Komponente beimessen. Viel sagend ist auch, dass Franklin seine Begierde in dem Gedicht mit den Warnungen des Vaters in Verbindung bringt. Als letztes Argument führt Bertha Jahn ihren Witwenstatus an und verweist auf das Grab ihres Mannes auf dem Lenzburger Friedhof. Franklin lässt sich nicht abweisen und wird im nächsten Brief noch deutlicher. Im Gedicht *An Laura* (S. 238), datiert auf den 14. Oktober 1884, ist die Zeichnung einer Grabstätte zu sehen. Hier schlägt er der trauernden Witwe vor, das Andenken an den verstorbenen Gatten weniger selbstquälerisch zu gestalten, da dort der kalte Stein und hier das warme Leben sei. Launisch ist der eigens unterstrichene Hinweis auf den 1. Korintherbrief 13,13 am Ende des Gedichtes:

> Nun aber bleiben Glaube, Hoffnung, Liebe, diese drei; am größten jedoch unter ihnen ist die Liebe.

Die Gedichtsammlung aus dem Sommer 1887 versieht Franklin mit einem von ihm gezeichneten Deckblatt (S. 195), in dessen Mittelpunkt in hebräischen Buchstaben als Empfänger „Christine Rotgang“ vermerkt ist, eine Angebetete, die weder seinem Bekanntenkreis zugeordnet werden kann noch sonst als Pseudonym auftaucht, so dass der Empfänger nebulös bleibt. Während Amor seine Pfeile mit einer Schrotbüchse verschießt, sitzt er mit der Cousine beim dampfenden Kaffeetisch, wie er es in der *ästhetische[n] Caffeevisite* (S. 69) beschrieben hat. Darunter sind 'Kater', wie er sich selbst nennt, und die Schlosskatze 'Pusi' dargestellt. Am unteren rechten Bildrand erkennen wir provokativ ein Epitaph mit einem Tabaksbeutel und einer Pfeife. Am oberen Rand Sonne, Mond und Sterne, die in den zuvor zitierten Gedichten für den Quell des Lebens und des Eros stehen.

Die familiäre Verschwiegenheit und die gefährliche Liaison mit Bertha Jahn machen es schwierig, die Stationen dieser Liebesgeschichte zu rekonstruieren. Wedekind verwischt selbst alle Spuren, indem er sich bei der späteren Herausgabe seiner Gedichte, von denen sich zahlreiche auf das dreijährige Verhältnis mit Bertha Jahn beziehen, bewusst nicht an eine chronologische Ordnung hält. Vieles wird umgeschrieben und mit neuen Titeln versehen, die nicht den alten Dedikationen entsprechen. Dies trifft auch für das Minnelied *Ich hab Dich lieb* (S. 242) zu, das in der Gedichtsammlung *Die vier Jahreszeiten* und in den *Gesammelten Werken* unter dem Titel *Alte Liebe*[89] erschienen ist. Dieses Gedicht ist ein weiterer Hinweis auf die 'Lenzburger Dichterschule', da es nicht von unserem Autor, sondern aus der Feder von Bertha Jahn stammt und mit Erika unterzeichnet ist. Dass Wedekind dieses Gedicht später selbst umgeschrieben hat, belegen sowohl die fremde Handschrift auf der Rückseite des Blattes als auch der Vermerk *Alte Liebe.*

Auch mit der Schwester von Bertha Jahn, Fanny Oschwald-Ringier, die Mitglied der 'Lenzburger Dichterschule' war und später als Historiendichterin bekannt wurde, bandelt Franklin an. Diese verweist ihn jedoch an jüngere Liebespartnerinnen. Der Wolf frisst Kreide und preist 'Tante Jahn' in *Wolfsgelüste* (S. 244) als strenge Lehrerin und sich als ihren gelehrigen Schüler.

Am 18. Oktober 1884 folgt das Bänkellied *Frau Bertha Jahn. In kindlicher Ergebenheit Dein dankbarer Neffe* (S. 248). Erneut betreibt der Wolf im Schafspelz in der Verkleidung der Kindlichkeit seine Verführungskünste, indem er zunächst Goethe für sich sprechen lässt. Derart reich gesegnet steht die Herrin der Löwenapotheke vor dem anbetenden Neffen, der ihr seine saloppe Huldigungen im Kneipenversstil darbietet. Trotz aller schriftlichen Einwände der 'philosophischen Tante', die Franklin die unmögliche Liebesbeziehung ausreden möchte, bleibt die Beziehung mit Bertha Jahn weiterhin bestehen. Gelegenheit für Intimitäten dürfte es jedoch nur 1884 gegeben haben, da Franklin im Mai dieses Jahres das Studium für Germanistik und französische Literatur in Lausanne aufnimmt und ab dem Wintersemester in München Jura studiert.

In den Briefen an Bertha Jahn deuten gewisse Anspielungen darauf hin, dass sich Franklin auch für deren ältere Tochter Lisa interessiert. Die Vorstellung, Mutter und Tochter gleichzeitig als Geliebte zu besitzen, scheinen Franklins Phantasie besonders angeregt zu haben. Sie findet ihren dichterischen Niederschlag in dem Gedicht *An Lisa* (S. 264). Es ist eines der schwächsten seiner Zeit, erweckt jedoch durch seine graphische Aufmachung besonderes Interesse. Auf der rechten Seite der Zeichnung erhebt sich ein riesiger Paradiesbaum, der wohl im Garten Eden der 'erotischen Tante' steht. In seine Rinde sind die Initialen F[ranklin] und L[isa] eingeschnitten. Die Krone des Baumes wölbt sich über Schloss Lenzburg, von dem ein Pfad hinunter zur 'Burghalde', dem Haus der Familie Ringier führt. Links unten ist die Rückseite eines stattlichen Bürgerhauses zu sehen, in dem man das Wohnhaus von Bertha Jahn vermuten darf. Die Taube links oben hält einen Brief mit der Initiale „L“ im Schnabel und fliegt direkt auf den „Paradiesapfel“ hinunter, der zwischen Haus und Baum auf dem Boden liegt.

Ein weiteres Gedicht, ebenfalls an die Tochter von Bertha Jahn gerichtet, trägt den Titel *Franziska de Warens*. Hier auszugsweise die erste Strophe:

> Franziska, mein reizender Falter,
> Hätt'st Du nicht zu eng für Dein Alter
> Den keimenden Busen geschnürt,
> Dann klafften wohl nicht die Gewänder,
> Sobald ich nur eben die Bänder
> Mit harmlosem Finger berührt.[90]

Bertha Jahn erscheint in allen Schriftstücken als eine begehrenswerte Liebhaberin. Außer diesen Briefgedichten gibt es jedoch keine weiteren Zeugnisse über diese außergewöhnliche Frau, so dass ihre Persönlichkeit bis heute im Dunkeln liegt. Als Franklin im November 1884 nach München reist, ist er der anhänglichen Geliebten bereits überdrüssig geworden.[91] Die Tatsache, dass die Gefühle der älteren Frau ernsthaft entflammt sind, während auf seiner Seite der Reiz des Neuen bald nachgelassen hat, bringt den 'Realpsychologen' in unerwartete Verlegenheit. Das Finale dieser großen Leidenschaft bleibt leider dissonant und ist für Franklins Charakterbild nicht eben schmeichelhaft. Er lässt das Verhältnis schließlich im Sande verlaufen, indem er sich in hartnäckiges Schweigen hüllt. Über die Aussichtslosigkeit ihrer Liebe ist sich Bertha Jahn bereits in ihrem Gedicht *Namenlos!* bewusst:

> Es zieht mich zu Dir mit zwingender Macht
> Doch freudlos bleib ich in Deiner Näh'
> Werd ich geküßt, von Dir verlacht
> Mir tut es in der Seele weh!

Nicht wegen mir, nicht weil's mich quält
Nein, weil ich weiß, daß Du verscherzt
Die wahre Liebe, daß Dir fehlt
Das was im Inneren Dich oft schmerzt.[92]

Ein Abschiedsbrief von Bertha Jahn, datiert auf den 8. September 1887, macht das bittere Ende deutlich. Sie lässt Franklin darin wissen, dass ihr jede Grobheit lieber gewesen wäre als sein hartnäckiges Schweigen, und legt ein Gedicht bei, das in Klammern den Titel *Wedekindsche Moral - Schlußstrophen* trägt. Es ist ein bitteres Zitat, das einen deutlichen Hinweis auf sein Jubelgedicht *Jubilate* (S. 196) aus glücklicheren Tagen enthält.[93] Als Franklin seine 'erotische Tante' abschiebt, ist sie möglicherweise bereits erkrankt. Sieben Jahre später, am 10. Juli 1894, wird sie mit sechsundfünfzig Jahren an Krebs sterben.[94]

Auch der Abgang von der nächsten großen Liebe, Minna von Greyerz, von ihm salopp 'Cousine Sturmwind' genannt, war nicht nach Art eines Grandseigneurs und berührt peinlich. Hinzu kommt, dass die Kontakte zu seiner 'erotischen Tante' Bertha Jahn und zu 'Cousine Sturmwind' während des gleichen Zeitraums stattfanden. Die Pianistin und Gesangslehrerin Minna von Greyerz ist durch diese Liaison gezeichnet. Sie bleibt ein Leben lang unverheiratet und selbst an ihrem neunzigsten Geburtstag darf der Name Wedekind aus Pietätsgründen in keiner der Laudationes erwähnt werden. Bei 'Cousine Sturmwind' handelt es sich um eine wirkliche Cousine Franklins, die freien Zugang zum Familienkreis auf dem Schloss hat und zu den führenden Familien Lenzburgs zählt. Ihr Vater, ein Oberst der Artillerie, war für Familie Wedekind eine wichtige Bezugsperson zu den örtlichen Behörden und den führenden Familien Lenzburgs.

Minna von Greyerz, „Cousine Sturmwind", um 1886.

Im Tagebuch Franklins läuft die Cousine auch unter der Chiffre 'Wilhelmine'. In Aarauer Fragmenten wird sie auch 'Ella' und 'Coralie' genannt. Sophie Haemmerli-Marti, die als eine der wenigen Lenzburger Jugendfreundinnen von der erotischen Experimentierfreudigkeit unseres Autors verschont bleibt, hat die Cousine in ihren Tagebuchaufzeichnungen identifiziert und sie in den chiffrierten Schriftstücken erkannt. Als Mitglied des engeren Familienkreises ist Minna von Greyerz eine willkommene Abwechslung und zugleich ein geeignetes Studienobjekt zur Überbrückung der alltäglichen Monotonie hinter den Schlossmauern. An ihr vollzieht Wedekind hemmungslos seine 'realpsychologischen Experimente' und Studien, wie sie in seinen Tagebuchaufzeichnungen, die intimen Rapporten gleichen, festgehalten sind:

> Der Wolkenbruch ihrer Gefühle läßt mich zu keinem Angriff gelangen. Ich liebe den Ernst und die Ruhe, wenn es sich um Vergnügen handelt. Nach zehn Minuten erklärt sie sich, Gott sei Dank, für gesättigt. 13. Februar 1888.[95]

Minna wird sich am 9. März 1888 bitter über seine amourösen Experimente beklagen, wenn sie sagt, er hätte an ihr wie „an einem festgeschnallten Kaninchen Vivisektion geübt."[96] Diese 'Studien' wird Wedekind später bei seinem Aufenthalt in Paris in verrufenen Etablissements des Quartier Latin fortführen. Am Montmartre wird er mit dem Bohemien-Kult vertraut und lernt den Geburtsort des modernen Cabarets im 'Chat noir' kennen. Die Damen, mit denen er hier verkehrt, erfreuen sich seiner besonderen Wertschätzung und erscheinen in seinem Tagebuch als 'Venuspriesterinnen'. Zuweilen benutzt er jedoch auch brutalere Metaphern und vulgärsprachliche Benennungen zur Beschreibung der Kokotten. Wie er in seinen Tagebuchaufzeichnungen schreibt, erlebt er in Paris „die Sinnlichkeit und nimmt sie dankbar an".[97] In diesem Zusammenhang fällt das früh ausgeprägte Interesse an der Prostitution auf, das ihn zu immer neuen literarischen Verarbeitungsversuchen drängt. Doch zuvor überschüttet er 'Cousine Sturmwind' noch mit zahlreichen Liebesgedichten. Auch *Coralie* (S. 266), das als Fragment vorliegt, ist ihr gewidmet. Franklin hat es zusätzlich mit einer Zeichnung versehen, die eine junge Frau, vermutlich die Cousine, in ihrem Badeanzug zeigt. Auf Grund erhaltener Fotografien und Wedekinds Tagebuchaufzeichnungen lässt sich die Entstehung dieses Gedichts eindeutig mit Minna von Greyerz verbinden. Ebenso das Liebesgedicht *Meine Augen möchten weinen* (S. 268) das er mit einer Zeichnung versieht, auf der die hübsche Cousine und der jugendliche Liebhaber im Profil zu erkennen sind.

Franklin ist nicht zimperlich. In dem Gedicht *Der Kochkurs* (S. 270), dessen Entstehungszeit nicht genau zu belegen ist, fungiert er sogar als Teufelsbraten, dem das dampfende Herz von der Geliebten aus der Brust herausgerissen wird. Dieses Liebesgedicht ist ebenfalls in den Gesammelten Werken als *Marys Kochschule*[98] enthalten. Auch die bereits zitierte Dichtung *Eine ästhetische Caffeevisite* (S. 69) ist der Cousine Minna von Greyerz gewidmet. Sie fällt im Original durch besonders liebevolle und naive Verzierungen auf der Titelseite auf. Kurz danach reist Minna im August 1884 nach Dresden ab, um ihre musikalischen Talente ausbilden zu lassen.[99] Zum Abschied schreibt ihr Franklin das lange Versepos *Abschiedsklänge an meine liebe Cousine Minna* (S. 272), in dem er ihr in verwildertem Versmaß als Bänkelsänger von seinem Zürcher Freundeskreis berichtet. Gleichzeitig bittet er sie, nicht zu zürnen, auch wenn er frei mit ihr geredet habe. Franklin hält sich seine Geliebte noch über einen längeren Zeitraum warm. Wie aus dem Datum zu entnehmen ist, schickt er ihr im Oktober 1886 ein weiteres Gedicht mit dem Titel *Lodernd Feuer in den Blicken* (S.286), das er mit einer Zeichnung versieht, die eindeutig das Haus Burghalde, das Elternhaus von Minna von Greyerz, erkennen lässt. Über den Text schreibt er in hebräischen Lettern: 'Lenz'. Wedekinds dichterische Bemühungen sind wiederum erfolgreich, sein 'Schlüssel Salomonis' scheint sich zu bewähren. Minna wird noch einmal intensiver und intimer Gegenstand seiner 'realpsychologischen' Studien, wie die Eintragungen in Wedekinds Tagebuch 1888 belegen.[100] Minna versucht danach vergeblich den Kontakt mit 'Baby', wie sie und die Familie ihn nennen, aufrecht zu erhalten. Die enttäuschte Geliebte schickt ihm nochmals einen Brief in Gedichtform mit dem Titel *Satanellas Bitte*, auf den Wedekind nicht mehr antwortet. Er hat seine Cousine ebenso fallen lassen wie seine anderen 'Versuchskaninchen'. Damit ist auch diese Episode in seinem Leben endgültig abgeschlossen.

In diese Zeit fällt auch die so genannte Venus-Tannhäuser-Episode mit dem Gedicht *Frau Venus* (S. 290), das im Zeitalter Richard Wagners der jungen Lenzburgerin Blanche Zweifel-Gaudard zugedacht ist. Die junge Frau ist mit dem Kolonialwarenhändler gleichen Namens verheiratet, verfasst selbst Gedichte und ist Mitglied im Vorstand des Lenzburger Caecilienvereins. Außerdem gehört sie, wie viele seiner Verehrerinnen, dem Liebhabertheater an. Auch wenn sich das Symbol der erotischen Göttin nicht mit dem Frauenbild seiner Lenzburger Lebenserfahrung deckt, verkörpert es den Eros künstlerischer Zeugung. In der Gestalt des 'Tannhäuser' wendet sich unser Minnesänger skrupellos an seine nächste einheimische Liebesgöttin.[101] Und wieder beendet Franklin ein amouröses Abenteuer mit der *Rückgabe des Bildes von Fanny Amsler-Laué* (S. 292) und bittet sie, Stillschweigen über das Liebesabenteuer zu bewahren.

Wie wir zeigen konnten, fließt die poetische Produktion dieser Gärungszeit quantitativ reichlich, aber qualitativ sehr unterschiedlich. Wedekind zeigt uns jedoch eine neue Sichtweise, indem er den Blick hinter die Fassade des Menschen, auf dessen wahre, ganz und gar irdische, triebhafte Natur lenkt.

Titelblatt-Zeichnung Frank Wedekinds zur Gedichtsammlung aus dem Sommer 1887 [102]

Jubilate!

Wir waren Philister und merkten, wie
die Kräfte des Geistes erschlafften —
da warfen wir uns auf die Philosophie,
die Schwester der Wissenschaften.

Da haben wir gründlich und eingeprägt
die Werke der großen Gelehrten.
Und was man nur im [illegible]
das weiß man auch zu verwerthen.

Verbanne die Sorgen, genieße die Zeit!
Laß andere Menschen sorgen! —
Und Kummer und Leiden und Trübseligkeit,
Wir lernten es alles verborgen.

Jubilate !

Wir waren Philister und merkten es, wie
Die Kräfte des Geistes erschlafften. -
Da warfen wir uns auf die Philosophie,
Die Schönste der Wissenschaften.

Da haben wir gründlich uns eingeprägt
Die Worte der großen Gelehrten.
Und was man im innersten Herzen trägt,
Das weiß man auch zu verwerten.

Verbanne die Sorgen, genieße die Zeit!
Lass andere Menschen verzagen! -
Und Kummer und Leiden und Fröhlichkeit,
Wir lernten es alles ertragen.

Wir lebten als Ritter über Tag;
Kein [illegible] stand sicher.
Doch wenn die Nacht auf den Bergen lag,
Dann wurden wir Epikuräer.

So flimmert uns Leben und Liebesglühn:
Ringsum war ein blühender Garten.
Und Blumen und hübsche Mädchen drin
Von allen ordentlichen Arten. —

Doch wenn dereinst uns die Kraft gebricht,
Zu frönen unsern Gelüsten, —
Wahrhaftig, wir verzweifeln nicht!
Dann werden wir Pessimisten.

Dann lachen wir über die ganze Welt
Und über der Menschheit Trachten;
Dann lernen wir, was uns nicht gefällt,
~~[illegible]~~
Aus tiefster Seele verachten.

Wir lebten als Stoiker über Tag;
Kein Staubgebor'ner stand höher.
Doch wenn die Nacht auf den Bergen lag,
Dann wurden wir Epikureer.

So fließet uns Leben und Lieben dahin:
Ringsum ein blühender Garten.
Und Blumen und hübsche Mädchen darin
Von allen erdenklichen Arten. -

Doch wenn dereinst uns die Kraft gebricht,
Zu frönen unsern Gelüsten, -
Wahrhaftig, wir verzweifeln nicht!
Dann werden wir Pessimisten.

Dann lachen wir über die ganze Welt
Und über der Menschheit Trachten;
Dann lernen wir, was uns nicht gefällt,
Aus tiefster Seele verachten.

Dann hebe die Schwingen, Phantasie,
Zu jenen himmlischen Höhen,
Zu jenen Gegenden, die noch nie
Ein sterbliches Auge gesehen!

Dort, wo ein rosiges Morgenrot
Den fernen Äther entzündet,
Dort hat sich Eva nach ihrem Tod
Ein neues Eden gegründet.

In sonnigen Lüften ein schattiges Grün,
In stillem, lauschigem Frieden,
Sie selber darinnen als Königin
Von Feen und Sylphiden.-

Es scharrte mein Pegasus vor der Tür;
Da bin ich aufgestiegen,
Da flog ich, Liebchen zu Dir, zu Dir,
In Deinen Armen zu liegen.

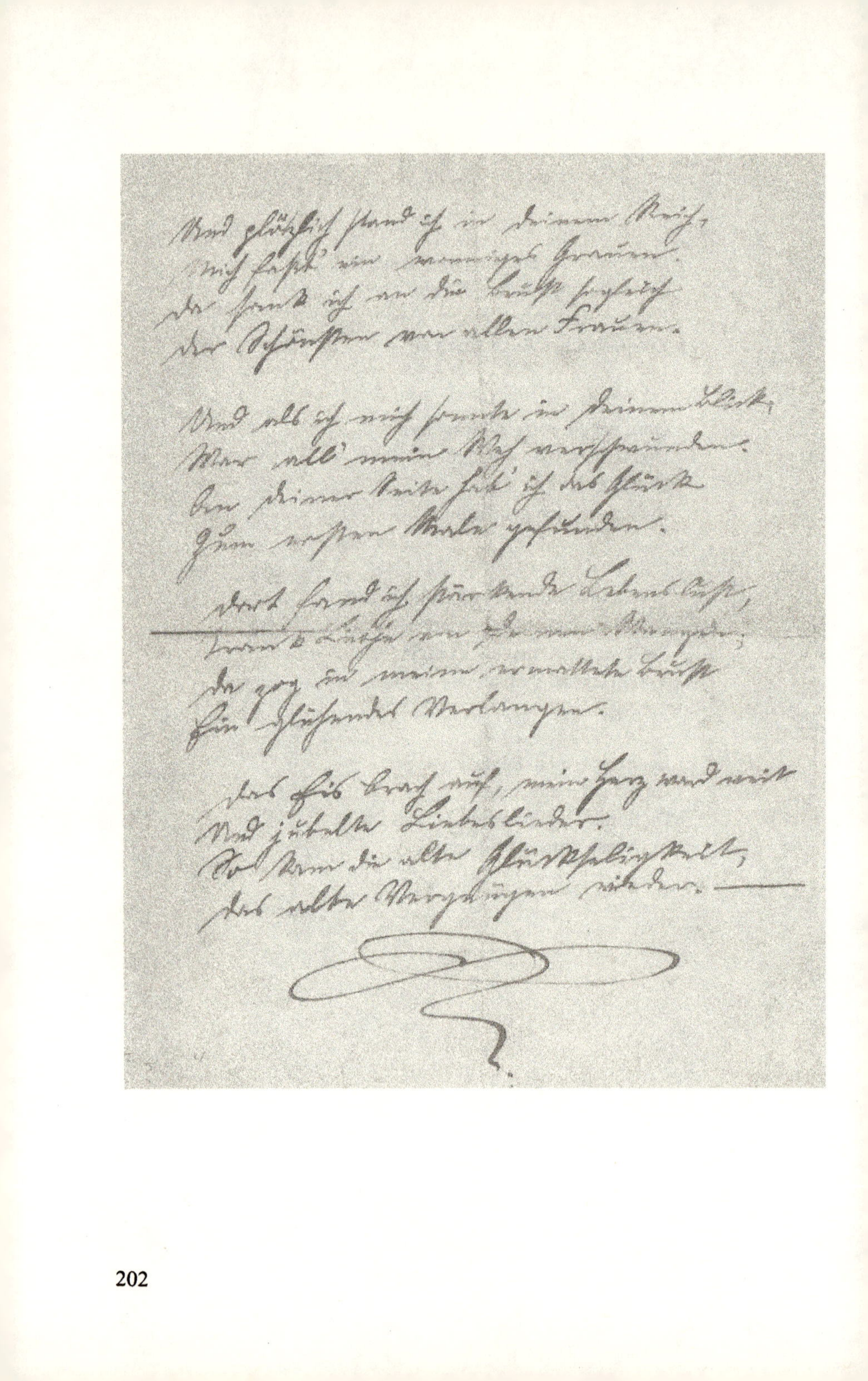

Und plötzlich stand ich in Deinem Reich,
Mich faßt' ein wonniges Grauen.
Da sank ich an die Brust sogleich
Der Schönsten von allen Frauen.

Und als ich mich sonnte in Deinem Blick,
War all' mein Weh verschwunden.
An Deiner Seite hab' ich das Glück
Zum ersten Male gefunden.

Dort fand ich stärkende Lebenslust,
Trank Lethe von Deinen Wangen;
Da zog in meine ermattete Brust
Ein glühendes Verlangen.

Das Eis brach auf, mein Herz ward weit
Und jubelte Liebeslieder.
So kam die alte Glückseligkeit,
Das alte Vergnügen wieder. -

Einst saß ich mit meiner Königin
Wohl unter dem Baum der Erkenntniß.
Da flog ihr über die Lippen hin
Ein freundliches Geständniß:

„O, Menschenkind, wie lieb' ich dich
So traurig und verwegen!
Viel ~~tausend~~ tausend Jahre verstrichen, seit ich
In Mannesarmen gelegen.

„Ehemals war ~~...~~ der Menschen Ehe
Noch nicht so scheel und ledern.
Man wußte noch göttlich zu ruhn
Wohl unter schattigen Cedern.

„Doch jetzt ist alles degenerirt,
Natur wird aus~~...~~getrieben.
Dich einzig hat man nicht verführt,
Du bist mir treu geblieben.

Einst saß ich mit meiner Königin
Wohl unter dem Baum der Erkenntnis.
Da flog ihr über die Lippen hin
Ein freundliches Geständnis:

„O, Menschenkind, wie lieb' ich Dich
So feurig und verwegen!
Viel tausend Jahre verstrichen, seit ich
In Mannesarmen gelegen.

„Damals war mir der Menschen Tun
Noch nicht so schal und ledern.
Man wußte noch poetisch zu ruh'n
Wohl unter schattigen Zedern.

„Doch jetzt ist alles degeneriert.
Natur wird ausgetrieben.
Dich einzig hat man nicht verführt,
Du bist mir treu geblieben.

„Die großen Herren von jener Welt,
die ~~nicht~~ deine Verse verlachten,
die dich begeifert und angebellt, —
du darfst sie jetzt verachten!

„Vom Baume der Erkenntniß genossen sie
Und konnten es nicht vertragen.
Du aber verstandest die Philosophie,
du hast einen besseren Magen.

„Du kamst dir wol auch seltsam vor
Bei all' den Alltagsleuten. —
drum ließ ich dich zu mir empor
Auf meinem Schimmel reiten.

„An meiner Seite im kühlen Hain,
Am Rand der blinkenden Quelle,
hier kannst du genießen und glücklich sein,
du nimmersatter Geselle!"

„Die großen Herren von jener Welt,
Die Deine Verse verlachten,
Die Dich begeifert und angebellt, -
Du darfst sie jetzt verachten!

„Vom Baum der Erkenntnis genossen sie
Und konnten es nicht vertragen.
Du aber verstandest die Philosophie,
Du hast einen besseren Magen.

„Du kamst Dir wohl recht seltsam vor
Bei all' den Alltagsleuten. -
Drum ließ ich Dich zu mir empor
Auf Deinem Schimmel reiten.

„An meiner Seite im kühlen Hain,
Am Rand der blinkenden Quelle,
Hier kannst Du genießen und glücklich sein,
Du nimmersatter Geselle!" -

So sprach die Königin und lag
Bei mir im Abendwinde.
Schön war sie, wie ein Frühlingstag
Und reizend, wie die Sünde.

Laut jauchzt' ich auf aus voller Brust:
„O, laß mich bei dir bleiben!
„In lichter, brennender Liebeslust
„Möcht' ich mich ganz betäuben!" —

~~Da erbebte der Himmel, die Erde bebte,~~
Es ~~zittert~~ donnert die Äthersphären,
Und meine glückliche Seele verschwebt
In duftige, luftige Leere.

Franklin Wedekind.

27. I. 83.

So sprach die Königin und lag
Bei mir im Abendwinde.
Schön war sie, wie ein Frühlingstag
Und reizend, wie die Sünde.

Laut jauchzt' ich aus voller Brust:
„O, laß mich bei Dir bleiben!
„In leichter, lachender Liebeslust
„Möcht' ich mich ganz betäuben!" -

Da kracht der Himmel, die Erde bebt,
Es donnert die Atmosphäre,
Und meine glückliche Seele verschwebt
In duftige, luftige Leere.[103]

Franklin Wedekind.

27. I. 1883

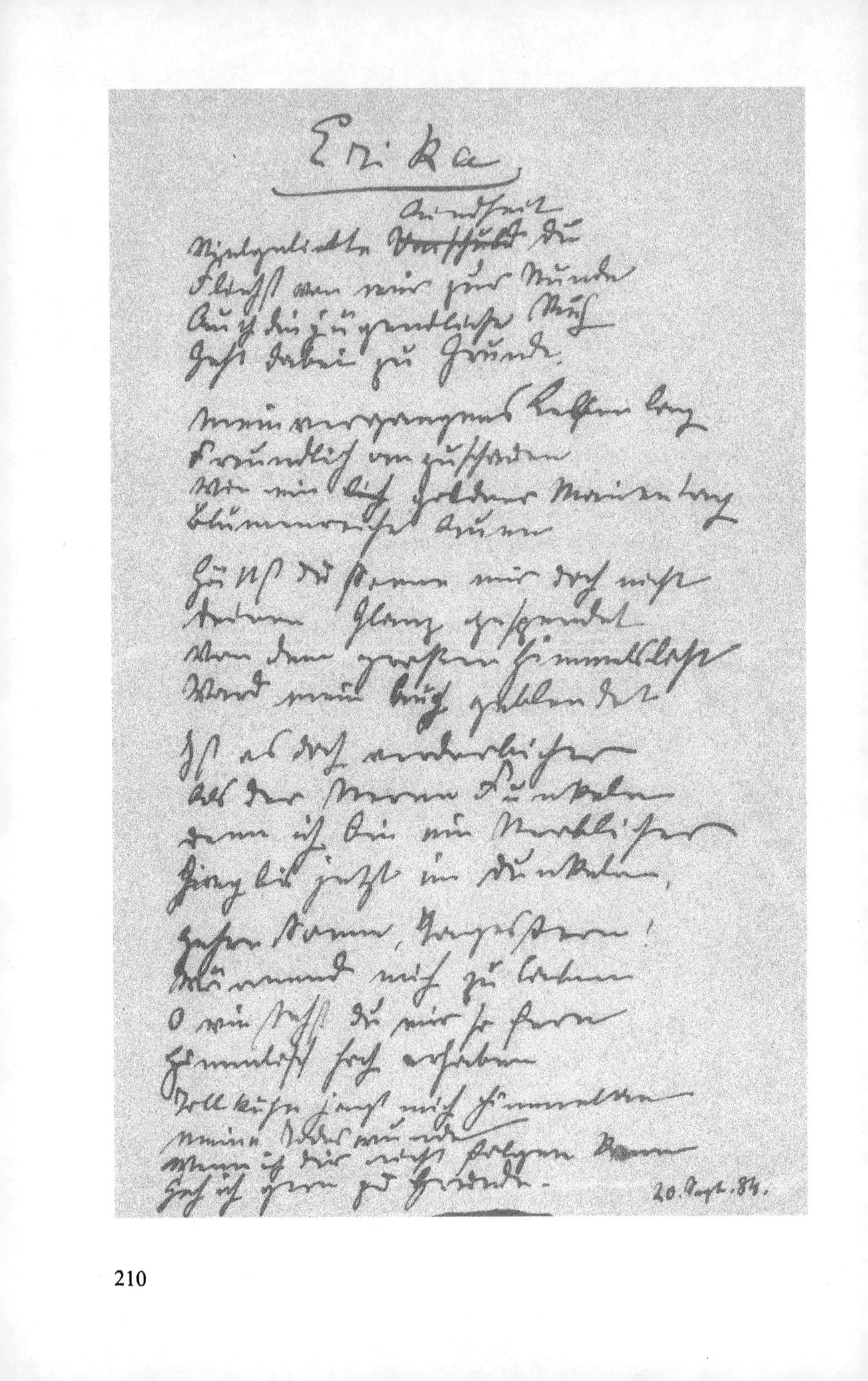

Erika

20. Sept. 84.

Erika

Viel geliebte Kindheit Du
Fliehst von mir zur Stunde
Auch die jugendliche Ruh
Geht dabei zu Grunde.

Mein vergangnes Leben lang
Freundlich anzuschauen
Wie ein goldner Maientag
Blumenreiche Auen.

Hätt'st Du Sonne mir doch nicht
Deinen Glanz gespendet
Von dem großen Himmelslicht
Ward mein Aug' geblendet.

Ist es doch wunderlicher
Als der Sterne Funkeln
Denn ich bin ein Sterblicher
Ging bis jetzt im Dunkeln.

Große Sonne, Tagesstern!
Wärmend mich zu laben
O wie stehst Du mir so fern
Himmlisch hoch erhaben.

Tollkühn jagt mich himmelan
Meine Todeswunde
Wenn ich Dir nicht folgen kann
Geh ich gern zu Grunde. [104]

20. Aug. 1884

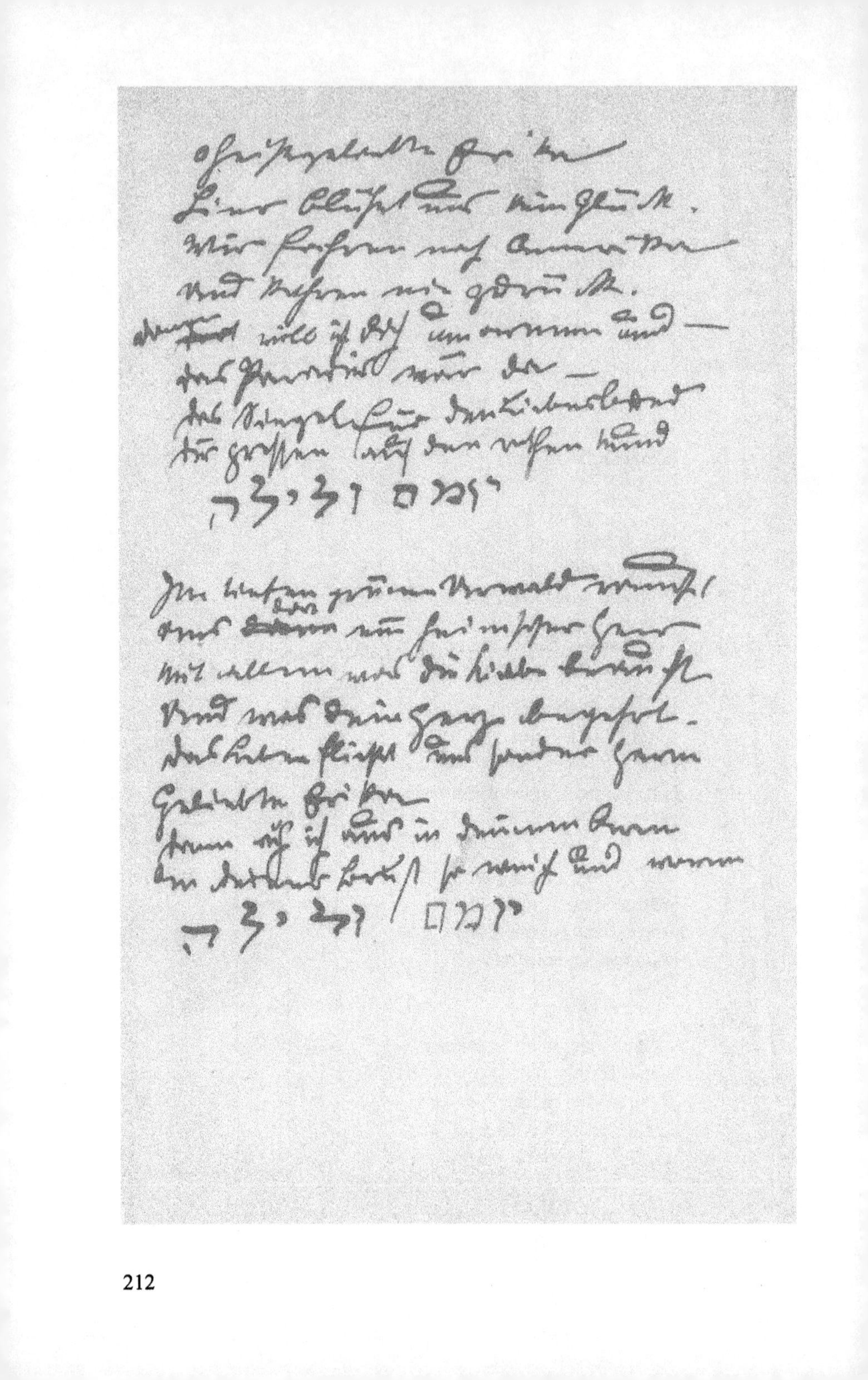

[illegible]

יומם ולילה

[illegible]

יומם ולילה

O heißgeliebte Erika

O heißgeliebte Erika
Hier blühet uns kein Glück.
Wir fahren nach Amerika
Und kehren nie zurück.
Dann will ich Dich umarmen und -
Das Paradies wär da -
Das Siegel für den Liebesbund
Dir pressen auf den roten Mund.

Im tiefen grünen Urwald raucht
Uns dort ein heim'scher Herd
Mit allem was die Liebe braucht
Und was Dein Herz begehrt.
Das Leben fließt uns sonder Harm
Geliebte Erika
Dann ruh ich aus in Deinem Arm
An Deiner Brust so weich und warm.

O wache wache meine Liebe
O wache schau mich an!
[illegible] bin ich dir [illegible]
[illegible]
Ich [illegible] mein goldenes [illegible]
Wenn immer ich dich seh.
Ich [illegible] nur im Herzen [illegible]
Und überall gedenk ich dein

יום ולילה

Tag u Nacht

[illegible]
Und Stunden weit und breit
Zu [illegible] und Liebes[illegible]
Und Liebesseligkeit.
Du süßer Kuss, das Liebeswort
Der Kuss [illegible]
[illegible]
[illegible]

יום ולילה

O Bertha, Bertha, meine Lust
O Bertha, sieh mich an!
Schon längst bin ich Dir unbewusst
In Liebe zugetan.
Du warst mein goldner Sonnenschein
Wenn immer ich Dich sah.
Du strahltest mir ins Herz hinein
Und überall gedacht ich Dein.

Dann lacht uns ewiger Genuss
Und Freude weit und breit
Zu Liebeslust und Liebeskuss
Und Liebesseligkeit.
Du süße Lust, das Liebeswort
Der Kuss etc. etc.
Das alles blüht uns fort und fort
Zu trauter Liebe sicher'm Hort.[105]

יוֹמָם וָלַיְלָה

Tag u. Nacht

An Bertha,
derzeit Bierzapferin in der
Bierbrauerei „Aubinmann"
am Graben in Aarau.

Mag auch das ganze Publicum
die Augen drob verdrehn,
Ich schere mich den Teufel drum
Und will es dir gestehn:
Du glücklich ward ich so betrübt,
Wußt nicht, wie mir geschah,
Bis nun mein Herz die Antwort gibt:
Du bist jetzt wieder mal verliebt

יוֹמָם וָלַיְלָה:

An Bertha

Derzeit Biernymphe in der
Bierbrauerei „Siebenmann“
am Graben in Aarau.

Mag auch das ganze Publikum
Die Augen drob verdrehen,
Ich schere mich den Teufel drum
Und will es doch gestehn:
Ach plötzlich werd ich so betrübt,
Weiß nicht, wie mir geschah,
Bis mir mein Herz die Antwort gibt:
Du bist nun wieder mal verliebt.

O Bertha, Bertha, meine Lust,
O Bertha, höre mich an!
Schon längst bin ich dir unbewußt
In Liebe zugethan.
Du warst mein goldner Sonnenschein,
Wenn immer ich dich seh.
Du strahltest mir ins Herz hinein,
Und überall gedenk ich dein

יוֹמָם וָלַיְלָה:

Und komme ich zu dir, so spricht
Mir Freude jedes Mal
Aus deinem fröhlich hellen Angesicht,
Dem reizenden Oval.
So gleicht dein Blick, dein lieblicher Gang
Dem einer Nymphe ja.
Nun fehlt mir nur noch der Gesang
Im schallenden Hain beim Lautenklang

יוֹמָם וָלַיְלָה:

O Bertha, Bertha, meine Lust,
O Bertha, sieh mich an!
Schon längst bin ich Dir unbewusst
In Liebe zugetan.
Du warst mein gold'ner Sonnenschein,
Wenn immer ich Dich sah.
Du strahltest mir ins Herz hinein,
Und überall gedacht ich Dein.

Und komme ich zu Dir, so spricht
Mir Freude jedes Mal
Aus Deinem hellen Angesicht,
Dem reizenden Oval.
Es gleicht Dein Wuchs, Dein leichter Gang
Dem einer Nymphe ja.
Nun fehlt uns nur noch der Gesang
Im schatt'gen Hain beim Leierklang.

יוֹמָם וָלָיְלָה:

Bist Du mir fern, kann ich Dich sehn
Im Traum, geliebtes Kind.
Wär' doch die Wirklichkeit so schön,
Wie meine Träume sind!
Dann nachts Dich umarmen und -
Das Paradies wär da -
Das Siegel für den Liebesbund
Dir pressen auf den roten Mund.

Dein Dich anbetender Franklin.[106]

חָנֶט יָהָן

Meine wilde Phantasie
Hast du streng gezügelt.
Edler mein Gesang gedieh
Durch dein Wort beflügelt.
Und doch kann ich kaum ergründen,
Wie du das zu Stand gebracht —
Welches Sehnen und Empfinden
So gelehrig mich gemacht. —

Zwar die Lösung findet sich
Ohne Kopfzerbrechen.
Doch noch nie vermochte ich,
Laut sie auszusprechen:
Denn sobald mir auf der Zungen
Lag das süße Wort bereit,
Hab ich es hinabgeschlungen
Voller Lust und Seligkeit! —

Meine wilde Phantasie

Meine wilde Phantasie
Hast Du streng gezügelt,
Edler mein Gesang gedieh
Durch Dein Wort beflügelt.

Und doch kann ich kaum ergründen,
Wie Du das zu Stand gebracht -
Welches Fühlen und Empfinden
So gelehrig mich gemacht. -

Zwar die Lösung findet sich
Ohne Kopfzerbrechen.
Doch noch nie vermochte ich
Laut sie auszusprechen:

Denn sobald mir auf der Zungen
Lag das süße Wort bereit,
Hab' ich es hinabgeschlungen
Voller Lust und Seligkeit. -

Trübe Stunden schleichen sachte
Durch die stille Seele mir.
Glück, daß ich zu schaffen dachte
Wie so ~~rasch~~ kurz ~~aufgeleuchtet mir~~ Auge lacht nur dir!

Traurig schleppt sich nun die Feder
Über ein zerknittertes Blatt,
Leis bejammernd, nach einer Jeden
Einmal zu ~~verwinden~~ schmerzen hat.

Wenn den alten Muth ich fände,
Fänd ich auch die alte Kraft,
Aber die belästigten Hände
Sind auf lange Zeit erschlafft. —

Trübe Stunden schleichen sachte
Durch die stille Seele mir.
Glück, das ich zu haschen dachte,
Wie so fern bin ich von Dir!

Traurig schleppt sich nun die Feder
Über ein zerknicktes Blatt,
Leis bewimmernd, was ein jeder
Einmal zu verschmerzen hat.

Wenn den alten Mut ich fände,
Fänd ich auch die alte Kraft,
Aber die betatzten Hände
Sind auf lange Zeit erschlafft. -[107]

Erika.

17. IX 84.

Erika

Verdamm' mich nicht! Das wird die Welt besorgen.
Ich hab' gesprochen, weil ich es gewollt.
Mir lachte ja der schönste Frühlingsmorgen
Und nur die Sonne selbst ist mir nicht hold.

Denn als ich ihr geklagt all meine Wonne,
Da hüllt sie sich ins düstre Wolkenkleid.
Vergebens lechzend nach dem Licht der Sonne
Irr' ich umher durch Nacht und Dunkelheit.

Wohl zürnst Du, weil so frech und unumwunden
Mit Worten ich ein Heiligtum entweiht,
Doch nicht weil ich im Herzen tief empfunden
Des irdschen Himmels ganze Seligkeit.

Was ist's denn für ein schreckliches Verbrechen,
Das ich in jugendlicher Glut beging.
Ich wagte hochbegeistert auszusprechen
Was längst die ganze Seele mir umfing.

Das kühne Wort will ich denn auch bezahlen,
So grausam mir Dein Mund das Urteil spricht -,
Zur Freude werden ja die schwersten Qualen,
So lang ich atme noch in Deinem Licht.

Jedoch den Sinn, der Seele Sonnenschein,
Was ich empfunden, wirst Du mir verzeihn.
Und meine Sünden reuig abzubüßen
Sink' ich voll Demut hier zu Deinen Füßen.[108]

17.IX.1884

אָן מֵת:

Verzeihe mir, ich konnte dich nicht kennen:
Die Sonne, ach, sie kennt sich selber nicht.
Sie ahnte nicht, wie ihre Strahlen brennen,
Und daß geblendet du von ihrem Licht.

Nun wird sie milde Strahlen nur dir senden,
Und freudvoll grüßen dich des Himmels Licht!
Es will nur Freude, Licht und Wärme spenden,
Jedoch Verderben bringen will es nicht.

Wenn du des Licht brauchst, blick empor zum Himmel.
Die Sonne geht still grüßend ihren Lauf.
Und aus dem Niedern, aus der Welt Getümmel,
Sieh stets vertrauensvoll zum Himmel auf! —

צְרִיקָה:

Abend vor Sabbath, 20. Sept. 84.

Verzeihe mir - An mich -

Verzeihe mir, ich konnte Dich nicht kennen,
Die Arme, ach, sie kannt sich selber nicht.
Sie ahnte nicht, wie ihre Strahlen brennen,
Und dass geblendet Du von ihrem Licht.

Nun wird sie milde Strahlen nur Dir senden,
Und friedvoll grüße Du das Himmelslicht!
Es will nur Freude, Licht und Wärme spenden,
Jedoch Verderben bringen will es nicht.

Wenn Du das Licht brauchst, blick empor zum Himmel.
Die Sonne geht still und grüßend ihren Lauf.
Und aus dem Niedern, aus der Welt Getümmel,
Sieh stets vertrauensvoll zum Himmel auf! -[109]

Abend vor Bettag, 20. August 1884

Kraterlieder.

I.

Die Herrin und ihr Knappe,
Die gingen Hand in Hand,
Viel Blumen sich zu pflücken
An eines Abgrunds Rand.

Der Abgrund war ein Krater,
Mit weißen Hütten am Strand;
In seiner Tiefe lodert
Ein mächtiger Feuerbrand.

Sie pflückten am Abgrund die Blumen,
Sie haben ins Feuer gesehen,
Sie strauchelten — stürzten hinüber —
So war es um beide geschehen.

Kraterlieder

I

Die Herrin und ihr Page,
Die gingen Hand in Hand,
Viel Blumen sich zu pflücken
An eines Abgrunds Rand.

Der Abgrund war ein Krater,
Seit ewigen Zeiten er stand;
In seiner Tiefe lodert
Ein mächtiger Feuerbrand.

Sie pflückten am Abgrund die Blumen,
Sie haben in's Feuer gesehn,
Sie strauchelten - stürzten kopfüber -
Da war es um beide geschehn.

II.

Nun verkündet der Mond
Aus [illegible] Munde:
„Blumengeflüster ist [illegible]
„Bei des Kraters Schlunde!“

Also warnend sprach zu mir
Mein ergrauter Vater.
Dennoch spring ich gern mit dir
Munter in den Krater.

Zwar zerschellen Arm und Bein,
Haut und Haar verkohlen,
Und die beiden Herzelein
Wird der Teufel holen.

II

Nun vernehmet die Moral
Aus betagtem Munde:
„Blumen pflücken ist fatal
An des Kraters Schlunde!“

Also warnend sprach zu mir
Mein ergrauter Vater.
Dennoch spring ich gern mit Dir
Nieder in den Krater.

Zwar zerschellen Arm und Bein,
Haut und Haar verkohlen,
Und die beiden Herzelein
Wird der Satan holen.

Aber die Erinnerung
Kann und wird nicht entschwinden.
Und ein frommes Gebet im Schwung
Muß Erhörung finden. —

Drum, mein vielgeliebter Schatz,
Sei getrost und munter!
Wagen wir den kühnen Satz
In die Fluth hinunter!

Freudig folg' ich deiner Spur
Durch den Wald geleitet. —
Hat wohl schöner die Natur
Je ein Grab bereitet?! ——!

Aber die Erinnerung
Kann uns nicht entschwinden.
Und ein fromm' Gebet im Sprung
Muss Erhörung finden. -

Drum, mein vielgeliebter Schatz,
Sei getrost und munter!
Wagen wir den kühnen Satz
In die Glut hinunter!

Freudig folg' ich Deiner Spur,
Durch Dein Wort geleitet. -
Hat wohl schöner die Natur
Je ein Grab bereitet?! - !

III

Zurück von dem feurigen Krater!
Zurück von der lodernden Gluth!
Sprich reuevoll: peccavi, mater!
Und alles wird wieder gut.

Es liebet die Erde die Sonne,
Die Blume das wärmende Licht;
Es sehnt sich nach minniger Wonne
Das Herz, bis verblutend es bricht.

Nimm all' deine Kraft nun zusammen!
Die Liebe sei heilig und rein!
Zurück von den züngelnden Flammen! —
Es wärme sie, es darf sie nicht sein! ——

III

Zurück von dem feurigen Krater!
Zurück von der lodernden Glut!
Sprich reuevoll: peccari, mater!
Und alles wird wieder gut.

Es liebet die Erde die Sonne,
Die Blume das wärmende Licht.
Es sehnt sich nach minniger Wonne
Das Herz, bis verblutend es bricht.

Nimm all' Deine Kraft nun zusammen!
Die Liebe sei heilig und rein!
Zurück von den züngelnden Flammen!
Es kann ja, es darf ja nicht sein! - [110]

An Laura

16.X.84.

Laß den todten, kalten Stein!
Hier ist warmes Leben!
Nimmer kann dem Herzen dein
Keine Gluth mehr geben.
Deine [illegible] Minnelust
Wirst du dort verlieren.
An der kalten Marmorbrust
Müßtest du erfrieren.

Nach der langen Winternacht,
Nach den schweren Leiden
Ist ein neuer Lenz erwacht
Mit den jüngsten Freuden.
Und durch's ganze Erdenreich
Wird der Ruf vernommen:
„Menschenkinder, liebet euch!
„Denn der Lenz ist kommen!"

An Laura

16.X.1884

Laß den toten, kalten Stein!
Hier ist warmes Leben!
Jener kann dem Herzen Dein
Keine Glut mehr geben.
Keine Schmerzen keine Lust
Wirst Du dort verspüren.
An der kalten Marmorbrust
Müsstest Du erfrieren.

Nach der langen Winternacht,
Nach den schweren Leiden
Ist ein neuer Lenz erwacht
Mit verjüngten Freuden.
Und durchs ganze Erdenreich
Wird der Ruf vernommen:
„Menschenkinder, liebet Euch!
„Denn der Lenz ist kommen!“

Du auch werde wieder jung!
Folge dieser Mahnung!
Scheuch mit der Erinnerung
Jede trübe Ahnung!
Möge nicht der Keller Gruft
Deine Kraft erschlaffen!
Frische, freie Frühlingsluft
Ist für dich geschaffen.

Und der Schöpfer schuf für dich,
Als der Lenz erblühte,
Daß du lebest inniglich,
Auch ein treu Gemüthe. —
Trauernd steht mit dir vereint
Grünende Verbenen;
Und dein feuchtes Auge weint
Heiße Freudenthränen. —

1. Cor. 13. 13.

Du auch werde wieder jung!
Folge dieser Mahnung!
Scheuch mit der Erinnerung
Jede trübe Ahnung!
Möge nicht auf kalter Gruft
Deine Kraft erschlaffen!
Frische, freie Frühlingsluft
Ist für Dich geschaffen.

Und der Schöpfer schuf für Dich,
Als der Lenz erblühte,
Dass Du liebest inniglich,
Auch ein treu Gemüte. -
Trauernd stehn mit Dir vereint
Grünende Verbenen;
Und Dein feuchtes Auge weint
Heiße Freudentränen.[111]

1. Cor. 13.13

Ich hab' dich lieb! — Kannst du es denn ermessen,
Verstehn das Wort, das kleine Wort so süß? —
Es schließet in sich eine Welt von Wonne,
Es trägt in sich ein ganzes Paradies.

Ich hab' dich lieb! — So tönt es mir entgegen,
Wenn ich vom Schlaf zu neuem Sein erwacht;
Und wenn am Abend tausend Sterne funkeln —
Ich hab' dich lieb! — So ruft es durch die Nacht. —

Du bist mir fern; ich will darob nicht klagen,
Dich tragen in des Herzens heiligem Schrein.
Kling fort mein Lied! Grüß' ihn beglückte Seele!
Ich hab' dich lieb! Und nie wird's anders sein. —

Erica.

Ich hab Dich lieb

Ich hab' Dich lieb! - Kannst Du es denn ermessen,
Verstehn das Wort, das kleine Wort so süß? -
Es schließet in sich eine Welt von Wonne,
Es trägt in sich ein ganzes Paradies.

Ich hab Dich lieb! - So tönt es mir entgegen,
Wenn ich vom Schlaf zu neuem Sein erwacht;
Und wenn am Abend tausend Sterne funkeln -
Ich hab Dich lieb! - So ruft es durch die Nacht. -

Du bist mir fern; ich will darob nicht klagen,
Dich hegen in des Herzens heil'gem Schrein.
Kling fort, mein Lied! Jauchz' auf, beglückte Seele!
Ich hab Dich lieb! Und nie wird's anders sein. - [112]

Erica.

Wolfsgelüste

Welche süß bewegten Glieder
Dieses starre Kleid versteckt.
Sänke doch der Schleier nieder,
der das schöne Leben deckt!

Sänk' auch jener starre Schleier
Ewiger Gemeinsamkeit
Von der Seele, daß sie freier
Sich den weichen Stunden weiht!

Lechzend an der Quelle hingesunken,
Find' ich, ach, kein lautres Element,
Weil [illegible] am Damme heraus getrunken,
das sich [illegible] Gesellschaft* nennt.

Wolfsgelüste

Welche süß bewegten Glieder
Dieses starre Kleid versteckt.
Sänke doch der Schleier nieder,
Der das schöne Leben deckt!

Sänk' auch jener starre Schleier
Frostiger Gemessenheit
Von der Seele, dass sie freier
Sich den reichen Stunden weiht!

Lechzend an der Quelle hingesunken,
Fand der Wolf kein lautres Element,
Weil zuvor ein Lamm daraus getrunken,
Das sich bessere Gesellschaft nennt.

Ein Abschiedskuss um meine Glut zu schüren!
Barmherzger Himmel, das hat gerad gefehlt
Nun harr' ich festgebannt vor Deiner Türen
So dass die Sehnsucht mir die Wangen höhlt.

Kein Schritt wird laut, kein Fenster hör ich klirren,
Kein Schlüssel rasselt tröstend an der Tür;
Und meine fiebernden Gedanken irren
Durch Wand und Flur und Dunkelheit zu Dir.

Dein schwarzes Lockenköpfchen seh ich träumend
Auf weichem Pfühl vom tollen Treiben schwer.
Die Lippen lächeln noch, und überschäumend
Wallt meine Leidenschaft darüber her. [113]

Seiner lieben Tante

Frau Bertha Jahn

in kindlicher Ergebenheit der dankbare Neffe

Franklin. 18.X.84.

Meiner lieben Tante

Frau Bertha Jahn

In kindlicher Ergebenheit der dankbare Neffe

Franklin. 18.X.1884

Ein Lied, ein Lied! — Mein Herz will überfließen;
Die Seele schwingt sich jauchzend himmelan. —
Ein Lied, worin die Wunden sich ergießen,
Das Leid sich setzen und begraben kann!
Sing mir — heut will die ganze Schöpfung singen:
Rings um mich her, wohin mein Auge sieht,
Hör' ich die schönsten Melodien erklingen. —
Sing mir, o Muse, ein frisches Lied! —

Nicht, wie die Kunstgärten alter Zeiten,
In strengem Rhythmus, engem Silbenmaß,
Mit [illegible] und mit Kleinigkeiten,
Besteig, o Göttin, heute den Parnaß!
Verlaß den Pfad der leeren Reimerei!
Frisch, froh und frei
In lieben, leichten, zügellosen Tänzen
Laß jetzt die Geister deiner Muse tanzen! —

Ein Lied, ein Lied! - Mein Herz will überfließen;
Die Seele schwingt sich jauchzend himmelan. -
Ein Lied, worein die Freude sich ergießen,
Das Leid sich senken und begraben kann!
Sing mir - heut will die ganze Schöpfung singen:
Rings um mich her, wohin mein Auge sieht,
Hör' ich die schönsten Melodien erklingen. -
Sing mir, o Poesie, ein frohes Lied! -

Nicht, wie die Kunstpoeten alter Zeiten,
In strengem Rhythmus, engem Silbenmaß,
Mit Wortabwägen und mit Kleinigkeiten,
Besteig, o Göttin, heute den Parnass!
Verlass den Pfad der leeren Reimerei!
Frisch, froh und frei
In lieben, leichten, zügellosen Stanzen
Lass jetzt die Geister Deiner Muse tanzen! -

Was soll dem Jüngling all der Flitterkram,
Worin Philister ihre Verse betten?—
Ein freies Wort, das aus der Seele kam,
Verschmäht den Zwang von zierlichen Sonetten;
Ein himmelstürmender Gedanke bricht
Die engen Schranken jeder Form zusammen,
Und aus dem freien Götterangesicht
Sprühn feuerathmend der Begeisterung Flammen.—

Was ist es, das den Menschen glücklich macht?
Für welche Gunst soll ich den Schöpfer preisen?
Ist's Geld und Gut, ist's hohe Königspracht?
Ist's Tugend, ist's der Klugen Ruhm des Weisen?—
Beim Himmel, nein! Mein Glück muß tiefer sein!
Es ist des Lebens gold'ner Sonnenschein,
Es ist — o selig alle, die es fanden!—
Ein gleiches Herz, das unser Herz verstanden.—

Am grünen Bergeshang stand eine Wiege,
Drin lag ein frisches, unschuldsvolles Kind;

Was soll dem Jüngling all der Flitterkram,
Worein Philister ihre Verse ketten? -
Ein freies Wort, das aus der Seele kam,
Verschmäht den Zwang von zierlichen Sonetten;
Ein himmelstürmender Gedanke bricht
Die engen Schranken jeder Form zusammen,
Und auf dem freien Götterangesicht
Sprühe feueratmend der Begeistrung Flammen. -

Was ist es, das den Menschen glücklich macht?
Für welche Gunst soll ich den Schöpfer preisen?
Ist's Geld und Gut, ist's hohe Königspracht?
Ist's Tugend, ist's der kluge Sinn der Weisen? -
Beim Himmel nein! Mein Glück muss tiefer sein!
Es ist des Lebens gold'ner Sonnenschein,
Es ist - o selig alle, die es fanden! -
Ein großes Herz, das unser Herz verstanden. -

Am grünen Bergeshang stand eine Wiege,
Drin lag ein frohes, unschuldsvolles Kind;

Blau war sein Aug' und herrlich seine Züge,
Wie sie bei überirdischen Wesen sind.
Und rings im Kreise standen schöne Frauen,
Wie Sterne um der Sonne Glanz geschaart,
Das Kind zu segnen und es anzuschauen
Und zu beschenken für die Pilgerfahrt.

Und in den Kreis trat eine schöne Frau,
Wie eine Göttin aus dem Heidenthume;
Blond war ihr wallend Haar, ihr Auge blau,
Am Herzen trug sie eine weiße Blume,
Und sprach: „Ich bin die große Göttin Hertha,
Dich hab' ich mir zum Pathchen auserwählt.
Und daß dich stets mein starker Geist beseelt,
Geb' ich dir meinen zweiten Namen Hertha." —

Ein ernstes Weib tritt in des Kreises Mitte
Und ihres Auges Zauber sich bewußt
Naht sie der Wiege sich mit leisestem Schritte
Und drückt das Kind auf seine junge Brust:

Blau war sein Aug' und herrlich seine Züge,
Wie sie bei überird'schen Wesen sind.
Und rings im Kreise standen schöne Frauen,
Wie Sterne um der Sonne Glanz geschart,
Das Kind zu segnen und es anzuschauen
Und zu beschenken für die Pilgerfahrt.

Und in den Kreis trat eine schöne Frau,
War eine Göttin aus dem Heidentume;
Blond war ihr wallend Haar, ihr Auge blau,
Am Herzen trug sie eine weiße Blume;
Und sprach: „Ich bin die große Göttin Hertha,
Dich hab' ich mir zum Patschen auserwählt.
Und dass Dich stets mein starker Geist beseelt,
Geb' ich Dir meinen zweiten Namen Bertha" -

Ein ernstes Weib tritt in des Kreises Mitte
Und ihres Segens Zauber sich bewusst
Naht sie der Wiege sich mit leichtem Schritte
Und küsst das Kind auf seine junge Brust:

»Dir sei ein großes, edles Herz beschert,
Wie eine Laute weich und klar besaitet.
Es macht dich glücklich, froh und hochgeehrt,
Wenn dir auch mancher herben Schmerz bereitet.«

Ein edles Herz, das Menschen lieben kann,
Sie zu begreifen weiß, selbst wenn sie fehlen —
Ein edles Herz, das mit sich himmelan
Uns trägt zum höchsten Fluge schöner Seelen —
Ein edles Herze ist ein köstlich Gut,
Ihm ist gar mancher schwerer Kampf beschieden.
Allein wenn ihm die Welt auch Leides thut,
Es trägt im Innern einen tiefen Frieden. —

Jetzt naht ein Weib in seiner Schönheit Blüthe,
Schlank, leicht und hoch, von reizender Gestalt,
Zur Seite jener Wiege naht sie bald —
Es war die mächtige Göttin Aphrodite.
Weiß Gott! Sie schwebte her als wie ein Engel,
Doch trug sie friedlich, griechisches Gewand,
Und an der marmorweißen, zarten Hand
Folgt ihr ein kleiner, ungezogner Bengel.

„Dir sei ein großes, edles Herz beschert,
Wie eine Laute reich und klar besaitet.
Es mach' Dich glücklich, froh und hochgeehrt,
Wenn's Dir auch manchen herben Schmerz bereitet."

Ein edles Herz, das Menschen lieben kann,
Sie zu begreifen weiß, selbst wenn sie fehlen -
Ein edles Herz, das mit sich himmelan
Uns trägt zum höchsten Fluge seiner Seelen -
Ein edles Herz ist ein tückisch Gut,
Ihm ist gar mancher schwere Kampf beschieden.
Allein was ihm die Welt auch Leides tut,
Es trägt im Innern einen tiefen Frieden. -

Jetzt naht ein Weib in seiner Schönheitsblüte,
Schlank, leicht und hoch, von reizender Gestalt,
Zur Seite jener Wiege macht sie halt -
Es war die mächt'ge Göttin Aphrodite.
Weiß Gott! Sie schwebte her als wie ein Engel,
Doch trug sie heidnisch, griechisches Gewand,
Und an der marmorweißen, zarten Hand
Folgt ihr ein kleiner, ungezog'ner Bengel.

Und überreicht dem lieben, zarten Kinde
Von eigner Hand das schönste Angebinde.
Es war, umstrahlt von nie erloschnem Glanz,
Ein frischer immergrüner Lorbeerkranz;
Und Phöbus, der voll Milde niederschaute,
Legt auf das Lager seine goldne Laute. —

So wurdest du zur Priesterin geweiht
Der edlen Kunst, die alle Menschen loben;
So hast du immer schon und hast auch heut
Durch deinen Sang zu dir emporgehoben;
So hast du milde Weise ausgetheilt,
Wie einst dem [illegible] Peter Luther,
Hast manchen wunden Fleck in uns geheilt,
Großmüthig doch gestreng als Löwenmutter. —

Ich aber stehe hier in dieser Stube
Ganz einsam unter wilder Löwenbrut, —
Wie einst dann Daniel in der Löwengrube
So sind doch wie die Löwen alle gut.

Und überreicht dem lieben, zarten Kinde
Vom eignen Haupt das schönste Angebinde.
Es war, umstrahlt von nie erloschnem Glanz,
Ein frischer immergrüner Lorbeerkranz;
Und Phöbus, der voll Milde niederschaute,
Legt auf das Lager seine gold'ne Laute.-

So wurdest Du zur Priesterin geweiht
Der edlen Kunst, die alle Menschen loben;
So hast Du immer schon und hast uns heut
Durch Deinen Sang zu Dir emporgehoben;
So hast Du milde Streiche ausgeteilt,
Wie einst dem Pfaffentume Doktor Luther,
Hast manchen wunden Fleck in uns geheilt,
Großmütig doch gestreng als Löwenmutter. -

Ich aber stehe hier in dieser Stube
Ganz einsam unter wilder Löwenbrut
Wie einst dem Daniel in der Löwengrube
So sind auch mir die Löwen alle gut.

Venus küßte sie das Mädchen lang und viel
Und blickt' es an und segnet' es und lachte:
„Ich schenke dir ein griechisches Profil
Und alles, was mich selbst zur Göttin machte!“ —
Und wie sie noch so zärtlich kosen thät,
Zog Amor heimlich schmunzelnd und in Eile
Aus seinem Gurt den schärfsten seiner Pfeile
Und praktizirt' ihn meuchlings unters Bett.

Frau Venus trat zurück und ahnte nichts
Von allem, was ihr kleiner Schelm geirrt. —
Doch da, erschien im Glanze hehren Lichts
Voll Würdigkeit und stolzem Angesichte
Als Demant, der eine Krone ziert
Die Göttin Psyche von Phöbus selbst geführt.
Sie schreitet daher und alle andern neigen
Sich ehrfurchtsvoll und halten tiefes Schweigen.

Umflossen von dem hellsten Glorienschein,
So trat sie mitten in den Kreis hinein;

Drauf küsste sie das Mädchen lang und viel
Und blickt' es an und segnet' es und lachte:
„Ich schenke Dir ein griechisches Profil
Und alles was mich selbst zur Göttin machte!" -
Und wie sie noch so zärtlich kosen tät,
Zog Amor heimlich schmunzelnd und in Eile
Aus seinem Gurt den schärfsten seiner Pfeile
Und praktiziert ihn meuchlings unter's Bett.

Frau Venus trat zurück und ahnte nichts
Von allem, was ihr kleiner Schelm pexieret. -
Sieh da, erschien im Glanze höhern Lichts
Voll Würdigkeit und stolzen Angesichts
Als Diamant, der eine Krone zieret
Die Göttin Poesie von Phöbus selbst geführet.
Sie schwebt daher und alle andern neigen
Sich ehrfurchtsvoll und halten tiefes Schweigen.

Umflossen von dem hellsten Glorienschein,
So tritt sie mitten in den Kreis hinein;

Der Löwenmutter bring' ich meinen Gruß
Und lebe ganz nach ihrem Wunsch und Willen;
Denn wie man mit den Wölfen heulen muß,
Will ich auch gerne mit den Löwen brüllen.

Allein vor allem ich jetzt noch grüßen soll
Mit [illegible] vollem, köstlichem Gebahren,
Das ist des Hauses wunderschöne Frau,
Im weißen Kleid mit herrlich schwarzen Haaren.
So ruf ich donnernd Hoch mit frohem Sinn,
Ein dreifach Hoch der großen Dichterin!
Ein dreifach Hoch dem schönen Geist des Hauses!
Und heb' mein Glas und trinke bis es aus ist. —

Der Löwenmutter bring' ich meinen Gruß
Und lebe ganz nach ihrem Wunsch und Willen;
Denn wie man mit den Wölfen heulen muss,
Will ich auch gerne mit den Löwen brüllen.

Allein vor wem ich sonst noch grüßen steh'
Mit ehrfurchtsvollem, kindlichen Gebaren,
Das ist des Hauses wunderschöne Fee,
Im weißen Kleid mit herrlich schwarzen Haaren.
So ruf ich donnernd Hoch mit frohem Sinn,
Ein dreifach Hoch der großen Dichterin!
Ein dreifach Hoch dem schönen Geist des Hauses!
Und heb' mein Glas und trinke bis es aus is. -[114]

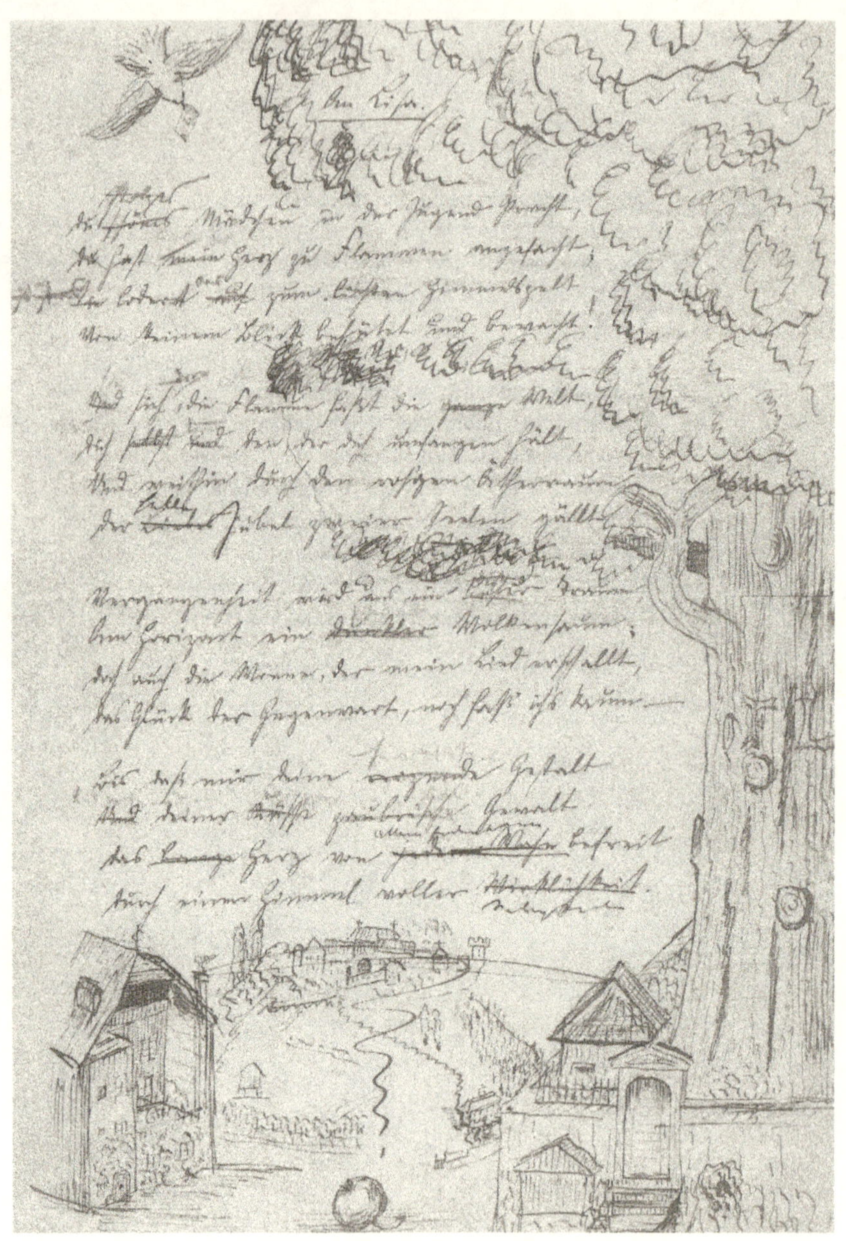

An Lisa

Du stolzes Mädchen in der Jugend Pracht,
Du hast mein Herz zu Flammen angefacht;
Wie lodert das zum lichten Himmelszelt
Von keinem Blick behütet und bewacht!

Und sieh, die Flamme fasst die ganze Welt,
Dich selbst und den, der Dich umfangen hält,
Und weiterhin durch den ros'gen Ätherraum
Der helle Jubel zweier Seelen gällt.

Vergangenheit wird uns ein böser Traum,
Am Horizont ein dunkler Wolkensaum;
Doch auch die Wonne, der mein Lied erschallt.
Das Glück der Gegenwart, noch fass' ich' s kaum -

Bis dass mir Deine herrliche Gestalt
Und Deiner Küsse zaubrische Gewalt
Das bange Herz von jedem Wahn befreit
Durch einen Himmel voller Seligkeit. [115]

Coralie

Hüpfe nicht mit leichtem Fuße
In das Wellenbad hinein!
Stürz Dich in das Meer der Buße,
Wasch Dir Deine Seele rein.

Bad'st Du doch an diesen Küsten
Deine Glieder, weiß wie Schnee,
Nur um Dich damit zu brüsten
Abends auf dem Canapee. -[116]

Meine Augen möchten weinen
Aber, ach, die Träne fehlt.
[illegible] [illegible] [illegible] [illegible] [illegible]
[illegible] [illegible] [illegible] [illegible] [illegible].

Ach der paradiesche Garten
Wo sie wohnen [illegible] [illegible],
Und muß lange schon warten
Bis auch mir die [illegible] [illegible].

Ihre Lippen möcht ich [illegible]
Über schimmerndem Pokal
Und mich selbst darob vergessen
Nur ein einzig Mal! —

Meine Augen möchten weinen

Meine Augen möchten weinen
Aber, ach, die Träne fehlt.
Armer Mann, so hast Du keinen
Süßen Trost der Dich beseelt.

Seh den Paradiesesgarten
Von so vielen ich durchstreift,
Und muss lange Jahre warten
Bis auch mir die Traube reift.

Ihre Beeren möcht ich pressen
Über schimmerndem Pokal
Und mich selbst darob vergessen
Nur ein einzig Mal! -[117]

Der Kochkurs.

Der Kochkurs

Dass in Deinem Engelsköpfchen
Soviel Teufelei rumort,
Hätt' ich nimmer ahnen können;
Aber Deine Küsse brennen,
Wie kein Höllenfeuer schmort.

Deine siedendheiße Seele
Gießt sich jauchzend auf mich aus.
Und mit tausend Apparaten
Werd ich gänzlich ausgebraten,
Ein bejammernswerter Schmaus.

Schließlich öffnest Du die Brust mir
Und transchierst mein dampfend Herz,
Weidest Dich an seinem Pochen,
Wie's zerrissen und zerstochen
Und in Stücke sprang vor Schmerz.[118]

Abschiedsklänge

an meine liebe Cousine

Minna.

Im August 1884.

Und wieder lenkte Helios sein Gespann
dem Westen zu. Die Menschenkinder schliefen.
Und wieder setzt' ich meine Feder an,
Um mich in alte Zeiten zu vertiefen.
Und doch die Gegenwart, so licht und helle,
der Augenblick, der feierlich gedieh,
Er fesselt uns gewaltig an der Stelle
Und hebt uns mächtig [illegible] ins Reich der Phantasie.

Da füllt der Schreiber neue Bogen: [illegible]
Umarmt den ganzen Kreis mit [illegible] Licht
Gedanken werden schwungvoll zum Gedicht,
Und hell erklingen [illegible].

Abschiedsklänge

an meine liebe Cousine

M i n n a

Im August 1884

Und wieder lenkte Phöbus sein Gespann
Dem Westen zu. Die Menschen schliefen.
Und wieder setzt' ich meine Feder an,
Um mich in alle Zeiten zu vertiefen.
Und auch die Gegenwart, so licht und helle,
Der Augenblick, der feierlich gedieh,
Er führet uns gewaltig von der Stelle
Und hebt uns mächtig empor ins Reich der Phantasie.

Da fällt der Schleier vom Aug'. Ein wärmendes Licht
Umwebt den ganzen Kreis mit ungewohnter Schöne.
Gedanken werden schleunigst zum Gedicht,
Und hell erklingen des Liedes harmonische Töne

Ein warmer Dankesruf erschallt dem Augenblick,
Der dieser Runde Kranz geknüpfet,
Und dreifach Heil dem gütigen Geschick,
Das uns so fröhlich hier zusammengeführet.

Aus aller Herren Ländern hierher verschlagen,
Aus jeder Himmelsgegend und jedem Reich —
Es blies ein Sturm, dem Wirbelwinde gleich,
Und hat uns sämmtliche hier zusammengetragen,
Vom Lemansee und vom Nordseestrand,
Vom Baiernland und vom Schwabenland,
Von überallher erschienen die frohen Gäste
Zu diesem herzerhebenden Jubelfeste: ——

Es wuchs ein Blümelein von seltner Art
In einer großen Stadt im hohen Norden;
Und als der Lenz nunmehr zum Sommer ward
Und warm es wurde und sonnig ist geworden,
Da hört es von dem wundervollen Reiz
Der Alpenwelt, von Bergen, Thälern und Seen —
Die Koffer werden gepackt, und schon drei Morgen früh
Da gehts schon im Triumphzug in die schöne Schweiz. ——

Im Schwabenlande blüht seit manchem Jahr
Ein kleines Nest mit kreuzfidelen Leuten.

Ein warmer Dankesruf erschallt dem Augenblick,
Dem dieser Stunde Preis gebühret,
Und dreifaches Heil dem gütigen Geschick,
Das uns so fröhlich hier zusammengeführet:

Aus aller Herren Länder hierher verschlagen,
Aus jeder Himmelsgegend und jedem Reich -
Es blies ein Sturm, dem Wirbelwinde gleich,
Und hat uns sämtliche hier zusammengetragen;
Vom Leman und vom Nordseestrand,
Von Aarau und vom Schwabenland,
Von überallher erschienen die frohen Gäste
Zu diesem herzerhebenden Jubelfeste: -

Es wuchsen Blümlein von selt'ner Art
In einer großen Stadt im hohen Norden;
Und wie der Lenz nunmehr zum Sommer ward
Und wie es warm und sonnig ist geworden,
Da hört' es von dem wundervollen Reiz
Der Alpenwelt, von Bergen, Tälern und Auen -
Die Koffer werden gepackt, und eh drei Morgen grauen,
Da gehts schon im Triumphzug in die schöne Schweiz. -

Im Schwabenlande blüht seit manchem Jahr
Ein kleines Nest mit kreuzfidelen Leuten.

Aus Norden kam derselbe und lebte seit langen Zeiten
Ein Jüngling mit blauem Aug' und blond von Haar.
Auch er kam her zu uns und suchte viel.
Man fragte sich umsonst warum sein Herz so trübe.
Bis endlich jemand auf den Gedanken verfiel,
Der Unglückselige leide gewiß an Liebe. —

O Himmel, welchen Bock hab' ich geschossen!
Bleib hier, mein Freund und zürne nicht so sehr! —
Ach nun! — Hör' auf die Bitten der Genossen! —
Umsonst! da geht er hin und singt nicht mehr. —
Wohl war es hart, so schnöde zu verhöhnen,
Was ihm als Theuerstes sein Herz bewahrt.
Jedoch er ist ein Mann von guter Art;
Und wer ihn kennt, der weiß ihn zu versöhnen. —

Nun aber kommt der Gott von Göttingen:
Auch er ist hier, der lustige Geselle.
Um seinen Wissensdurst zu sättigen,
Zog er hinaus in die Welt, just hin zur richtigen Stelle.
Viel Schätze bracht' er zurück ins Heimatland,
daß er der kranken Menschheit damit diene.
Allein das Schönste, was er dort draußen fand,

Aus Norden kam dorthin und lebte vor langen Zeiten
Ein Jüngling mit blauem Aug' und blond von Haar.
Auch er kam her zu uns und seufzte viel.
Man fragte sich umsonst, warum sein Herz so trübe.
Bis endlich jemand auf den Gedanken verfiel,
Der Unglückselige leide gewiss an Liebe. -

[Spilker geht kopfhängerisch
aus dem Zimmer]

O Himmel, welchen Bock hab' ich geschossen!
Bleib hier, mein Freund und zürne nicht so sehr! -
Kehr um!- Hör auf die Bitten der Genossen! -
Umsonst! Da geht er hin und singt nicht mehr. -
Wohl war es hart, so schnöde zu verhöhnen,
Was ihm als Teuerstes sein Herz bewahrt.
Jedoch er ist ein Mann von guter Art;
Und wer ihn kennt, der weiß ihn zu versöhnen. -

Nun aber kommt der Götti von Göttingen;
Auch er ist hier, der lustige Geselle.
Um seinen Wissensdurst zu sättigen,
Zog er hinaus in die Welt, just hin zur richtigen Quelle.
Viel Schätze bracht' er zurück aus fernem Land,
Dass er der kranken Menschheit damit diene;
Allein das Schönste, was er dort draußen fand,

das ist gewiß doch unsre liebe Cousine. ——

Jetzt, Göttin, leih' mir deinen höchsten Schwung!
Spann jetzt deinen Musenschimmel!
Erfaß mich, schöpferische Begeisterung!
Und trag' mich mächtig empor in den Dichtungshimmel.
Doch mein Stimme ist viel zu schwach und leer.
Wie wollt' ich wagen, was nur Meister wagen?
O, wenn ich jetzt nur Schiller oder Göthe wär',
Wie wollt' ich selbstbewußt in meine Laute schlagen!

Hier jetzt nun, ihr Lieben, denkt zurück!
Damals geschah der große Augenblick:
Da fand ich sie auf jener steinigen Straße
Als Führerin auf dem steilen Pfade zum Parnasse.
Sie ging mir vor: Ich wurde angeregt
Von hohem Geist, von dichterischem Sinne da,
Denn auf der ersten Sprosse der Himmelsleiter steht
Mit siegesbewußten Blicken Cousine Minna.

Und jetzt, ihr Geigen und Schalmein,
Ihr Cymbeln, Pauken und Mandolinen,
Ihr Trommeln und Pfeifen alle, seid gebeten,
Stimmt laut in unser Jubelorchester ein! ——
Der Weg empor, die Höhen sind erklommen;

Das ist gewiss doch unsere liebe Cousine. -

Jetzt, Göttin, leih' mir Deinen schönsten Schwung!
Spann jede Sehne an, o Musenschimmel!
Erfass mich, schöpferische Begeisterung!
Und trag' mich mächtig empor in der Dichtung Himmel.
Doch meine Stimme ist viel zu schwach und leer.
Wie wollt' ich können, was nur Meister wagen?
O, wenn ich jetzt nur Schiller oder Goethe wär',
Wie wollt' ich selbstbewusst in meine Laute schlagen!

Zwei Jahre nur, Ihr Lieben, denket zurück!
Damals geschah der große Augenblick:
Da fand ich sie auf jener steinigen Straße,
Als Führerin auf dem Pfade zum Parnasse.
Sie las mir vor: Ich wurde angeweht
Von hohem Geist, von dichterischem Sinn da,
Denn auf der ersten Sprosse der Himmelsleiter steht
Mit siegesbewussten Blicken Cousine Minna.

Und jetzt, ihr Geigen und Schalmeien,
Ihr Cymbeln, Pauken und Trompeten,
Ihr Trommeln und Pfeifen alle, seid gebeten,
Stimmt laut in unser Jubelorchester ein! -
Sie stieg empor, die Höhen sind erklommen;

Aus seinem Mund erschallen die schönsten Lieder.
Und sie, die glücklichen angekommen
Schaut freudig nun auf uns und auch die liebliche Landschaft hernieder.

Gelt, liebe, gute Mimma, du zürnst mir nicht,
Weil ich so frei und offen zu dir geredet,
Weil die Begeisterung meine Wange gerötet
Und ungezügelt aus meinen Worten spricht?!
Du bist nicht böse, weil ich getreu geschildert,
Wie deine Muse groß zu werden begann —
Und wenn man Wahrheit dabei auch ein wenig gemildert,
So ist ja eben das das Schönste daran.

Wie oft aus schwerer Sorgen Last und Drängen
Erlöstest du mich mit deiner Stimme Klängen.
Du sangst: „Das Meer erbrauste weit hinaus"
Und mich durchrieselte ein süßer Wonnegraus.
Mein Aug wird hell, und eine stille Thräne
Drängt sich heraus, die es nur dein Auge sieht.
Und immer, wenn ich nach Musik mich sehne,
So denk' ich an das Heinische Liebeslied. —

Und wieder ertönt ein lauter Jubelruf
Und hallt zurück von allen Felsenwänden,
Der Dichterin, die uns schöne Gedichte schuf,

Aus ihrem Mund erschallen die schönsten Lieder.
Und sie, die glücklich oben angekommen,
Schaut gnädig nun auf uns und auf die liebliche Landschaft hernieder.

Gelt, liebe, gute Minna, Du zürnst mir nicht,
Weil ich so frei und offen zu Dir geredet,
Weil die Begeisterung meine Wangen gerötet
Und ungezügelt aus meinen Worten spricht?!
Du bist nicht böse, weil ich getrost geschildert,
Wie Deine Muse groß zu werden begann -
Und wenn mein Versmaß dabei auch ein wenig verwildert,
So ist ja eben das das Schönste daran.

Wie oft aus schwerer Sorgen Last und Drängen
Erlösest Du mich mit Deiner Stimme Klängen.
Du sangst: „Das Meer erbrauste weit hinaus“
Und mich durchrieselte ein süßer Wonne-Graus.
Mein Aug' wird hell, und eine stille Träne
Drängt sich hervor, die nur Dein Auge sieht.
Und immer, wenn ich nach Musik mich sehne,
So denk ich an dies Heinische Liebeslied. -

Uns wieder ertönt ein lauter Jubelruf
Und hallt zurück von allen Felsenwänden,
Der Dichterin, die uns schöne Gedichte schuf,

Gebührenden Dank und Hochachtung zu spenden.
Der ganze Himmel erfüllt ein lichter Schein,
Von neuem rauschen jubelnd die Posaunen,
Ein Himmelsbote schwebt zur Thür herein,
Und alle Welt ergreift das höchste Erstaunen.

Mit leisen Schritten tritt er vor dich hin,
Er neigt sich dir mit ehrfurchtsvollem Neigen,
Und auf die Stirn der schönen Dichterin
Drückt er den Kranz aus frischen Lorbeerzweigen.
Ein Hosianna erfüllt die weite Luft,
Die Himmel jauchzen im ungeahnten Glücke —
Der Engel geht und läßt uns nichts zurücke,
Als eine Nebelwolke von Blumenduft.

Und nun, ihr Lieben, nehmt die Gläser in die Hand,
Erhebet euch alle stracks von euren Plätzen!
Beweiset, daß, was uns der Himmel gesandt,
Zu würdigen ihr wisset und zu schätzen.

Gebührenden Dank und Ehrerbietung zu spenden.
Das ganze Gemach erfüllt ein lichter Schein,
Von neuem rauschen jubelnd die Posaunen,
Ein Himmelsbote schwebt zur Tür herein,
Und alle Welt ergreift das höchste Erstaunen

[Spilker erscheint wieder, verschleiert
mit einem kleinen Lorbeerkranz]

Mit leisen Schritten tritt er vor Dich hin,
Er naht sich Dir mit ehrfurchtsvollem Neigen,
Und auf die Stirn der schönen Dichterin
Drückt er den Kranz aus frischen Lorbeerzweigen
Ein Hosianna erfüllt die weite Luft,
Die Himmel jauchzen in nie geahntem Glücke -
Der Engel geht und lässt uns nichts zurücke,
Als eine Nebelwolke von Blumenduft.

[Er verschwindet]

Und nun, Ihr Lieben, nehmt die Gläser in die Hand,
Erhebet Euch alle stracks von Euren Plätzen!
Beweiset, das, was uns der Himmel gesandt,
Zu würdigen Ihr wisset und zu schätzen.

Nicht weiter an und lasset die Gläser erklingen!!
blüht sie die goldne Zeit der Jugend noch.
Gepriesen sei'n die Dichter und die Sänger!
Und unsere Cousine Minna lebe dreimal hoch!!

Hoch! Hoch! Hoch!

Dein treuer Vetter

Franklin.

Stoßt wacker an und lasset die Gläser erklingen!
Blüht ja die goldne Zeit der Jugend noch.
Gepriesen sei das Dichten und das Singen!
Und unsere Cousine Minna lebe dreimal hoch!

Hoch! Hoch! Hoch!

Dein treuer Vetter
Franklin[119]

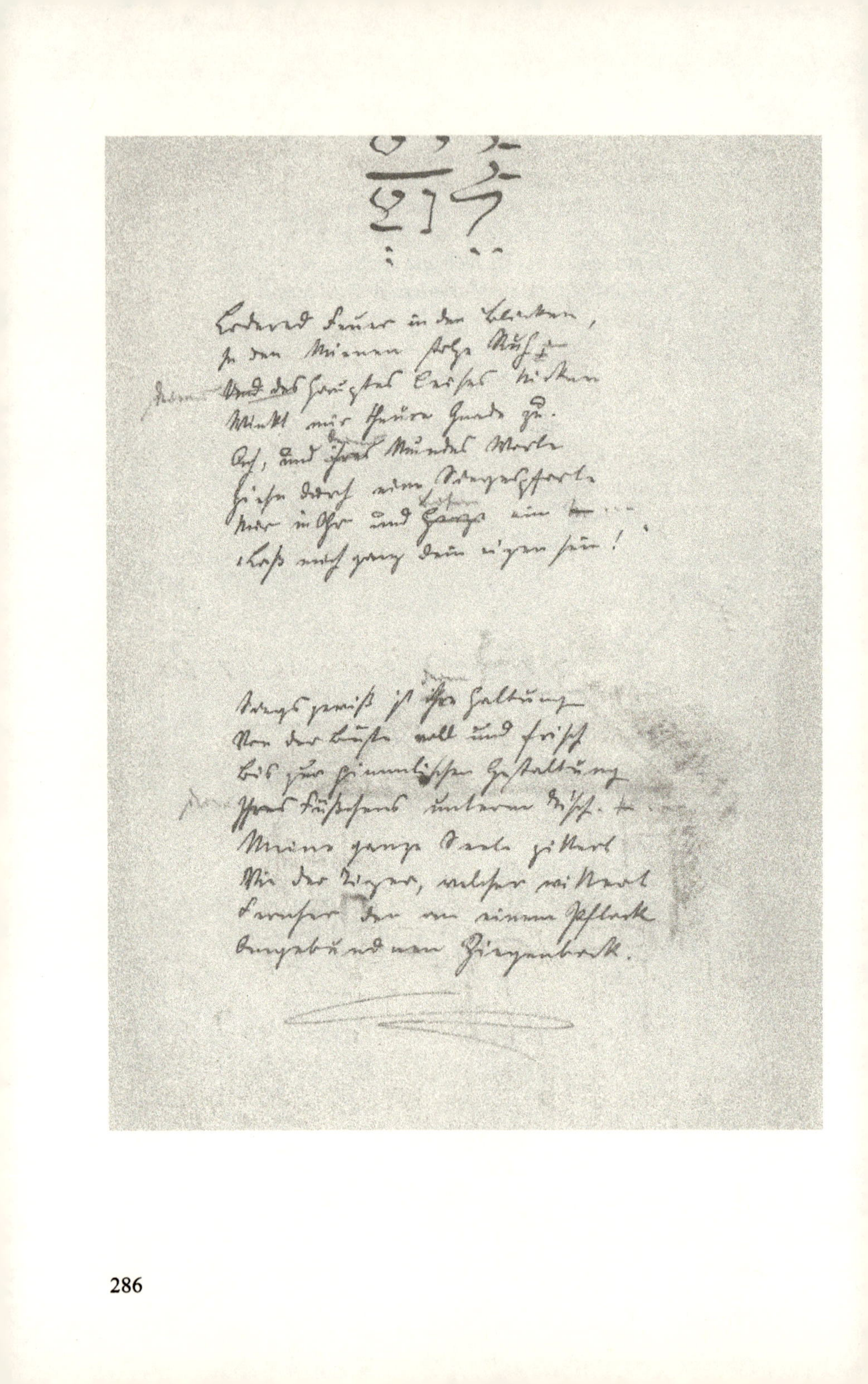

Lodernd Feuer in den Blicken

Lodernd Feuer in den Blicken,
In den Mienen stolze Ruh.
Deines Hauptes leises Nicken
Winkt mir teure Gnade zu.
Ach, und Deines Mundes Worte
Ziehn durch eine Siegespforte
Mir in Ohr und Herze ein.
„Lass mich ganz Dein eigen sein!“

Siegsgewiss ist Deine Haltung
Von der Büste voll und frisch
Bis zur himmlischen Gestaltung
Deines Füßchens unterm Tisch.
Meine ganze Seele zittert
Wie der Tiger, welcher wittert
Fernher den an einen Pflock
Angebundnen Ziegenbock.

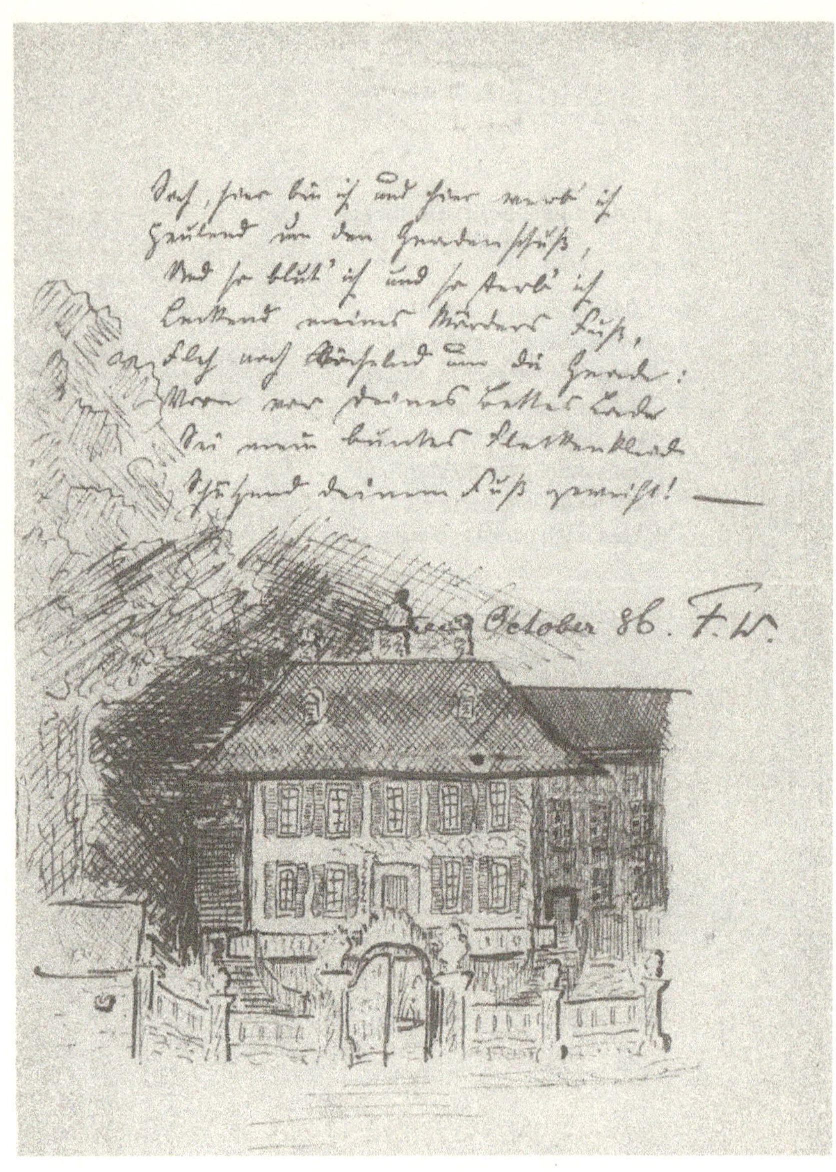
October 86. F. W.

Ach, hier bin ich und hier werb' ich
Heulend um den Gnadenschuss,
Und so blut' ich und so sterb' ich
Leckend meines Mörders Fuß,
Fleh noch röchelnd um die Gnade:
Vorn vor Deines Bettes Lade
Sei mein buntes Fleckenkleid
Schützend Deinem Fuß geweiht! -[120]

Oktober 1886 F.W.

Blanche Zweifel – Gaudage

Frau Venus.

O, wie lange soll ich harren,
Bis ich wiederum dich seh? —
Wenn dein dunkler Blick voll Güte
Nicht mein Herze noch durchglühte,
Ach, es hätte längst erfroren
Drüben in der Liebe Weh. ——

Heiße Sehnsucht läßt mich wachen,
Wenn die Welt in Träumen ruht.
Doch was soll mir auch der Schlummer?
Denn für allen Liebeskummer
Finde ich ja tausendfachen
Trost in deiner heißen Gluth!

Tannhäuser.

Blanche Zweifel-Gaudard

Frau Venus

O, wie lange soll ich harren,
Bis ich wiederum Dich seh? -
Wenn Dein dunkler Blick voll Güte
Nicht mein Herze noch durchglühte,
Ach, es hätte längst erstarren
Müssen in der Liebe Weh. -

Heiße Sehnsucht lässt mich wachen,
Wenn die Welt in Träumen ruht.
Doch was soll mir auch der Schlummer?
Denn für allen Liebeskummer
Finde ich ja tausendfachen
Trost in Deiner Augen Glut!

Tannhäuser[121]

Bei Zurückgabe des Bildes an Fanny [illegible]

O, dürft' ich dich küssen, geliebtes Bild!
Nie wäre mein heißes Verlangen
Im Strudel der seligsten Wonne gestillt!
Wie würd' ich dich küssen so heiß und so wild
Auf deine geheiligten Wangen! —

Wir müssen uns trennen; die Zeit ist vorbei,
Da ich, in Gedanken versunken,
Tagtäglich in süßester Träumerei
Aus deinen Zügen so zart und so frei
Den Becher der Freude getrunken.

So zieh' denn hin und verrath es nicht,
Daß du meine Liebe gesehen!
Denn was mir aus deinen zwei Augen spricht,
Und mein Gefühl, so klar und so licht,
Wird doch kein Dritter verstehen.

Bei Rückgabe des Bildes
von Fanny Amsler-Laué

O, dürft' ich Dich küssen, geliebtes Bild!
Wie wäre mein heißes Verlangen
Im Strudel der seligsten Wonne gestillt!
Wie würd' ich Dich küssen so froh und so wild
Auf Deine geheiligten Wangen! -

Wir müssen uns trennen; die Zeit ist vorbei,
Da ich, in Gedanken versunken,
Tagtäglich in süßester Träumerei
Aus Deinen Zügen so zart und so frei
Den Becher der Freude getrunken.

So zieh' denn hin und verrat es nicht,
Dass Du meine Liebe gesehen!
Denn was mir aus Deinen zwei Augen spricht,
Und meine Gefühle, so klar und so licht,
Wird doch kein Dritter verstehen.[122]

9. Ein Bänkelsänger unter 'Elf Scharfrichtern'

Während die frühen lyrischen Werke Wedekinds gelegentlich noch holprig und ungeschliffen sind, zeigt sich, dass sie zwischen 1885 und 1890 immer perfekter und genialer werden und sich auch in der Thematik grundlegend ändern. Nach seinen Aufenthalten in Paris (1892) und London (1894) lebt er seit seiner Rückkehr nach Deutschland (1895) anfänglich in Berlin und dann in München. Dort unternimmt er in der Blütezeit des Naturalismus zahlreiche Bemühungen, um die Erstaufführung seiner bereits veröffentlichten Dramen zu verwirklichen. Da sich sein Stil erheblich vom Zeitgeschmack unterscheidet und die Schauspieler zudem Probleme bei der Umsetzung seiner Bühnenwerke haben, gelingt es ihm nicht, eines davon zur Aufführung zu bringen. Dies betrifft: *Der Schnellmaler (1886), Kinder und Narren (1889), Frühlings Erwachen (1889), Der Liebestrank (1891)* und *Der Erdgeist(1895).*

Seit mehr als zehn Jahren bemüht sich Wedekind ernsthaft um einen neuen Stil des Dramas und gibt als Kritiker bürgerlicher Tabus sowie als Wegbereiter einer neuen Schauspielkunst wichtige Impulse, ohne dass ihm jedoch der entscheidende Durchbruch auf der Bühne gelingt.

So bleibt ihm nur die viel gehasste Möglichkeit, mit der leichten Muse sein Brot zu verdienen. Bei seinen Liebes- und Bänkelliedern, die er jetzt noch schreibt, setzt er sich verständlicherweise nicht mehr mit den kleinstädtischen Ereignissen von Lenzburg auseinander, sondern nimmt zu sozialen Fragen und weltpolitischen Ereignissen Stellung. Seit Juli 1896 ist er einer der wichtigsten Mitarbeiter des *Simplicissimus* in München. Dort erscheinen innerhalb weniger Wochen fast ein Dutzend satirischer Gedichte unter seinem Pseudonym Hieronymus Jobs. Der Verfasser bedient sich anfangs bewusst der stolpernden Knittelverse:

> Ich, der alte Hieronymus Jobsius,
> Weiland Theologiae candidatus,
> Bekannt dem zu verehrenden Publikum
> Durch meine Lebensbeschreibung von Kortum,
>
> Ich, der ich in verwichenen Phasen
> Deutscher Entwicklung das Kuhhorn geblasen,
> Finde, daß es jetzt das Richtige ist,
> Ich werde politischer Journalist.[123]

Den Münchner Lesern ist es ein offenes Geheimnis, dass sich hinter dem Pseudonym Frank Wedekind verbirgt. Die zu dieser Zeit legendäre Berühmtheit des *Simplicissimus* als Vermittler der brillantesten politischen Satire seiner Zeit geht vor allem auf seine Beiträge zurück. Mit dem illustrierten Gedicht *Im Heiligen Land* war der Verleger Albert Langen jedoch zu weit gegangen, so dass die Staatsanwaltschaft Leipzig gegen ihn, den Zeichner Thomas Theodor Heine und den pseudonymen Autor Hieronymus Jobs wegen Majestätsbeleidigung ermittelte. Anlass für die Klage war folgender Artikel im *Simplicissimus*, der Kaiser Wilhelm II. anlässlich seiner Palästina-Reise verächtlich machte:

Im Heiligen Land

Der König David steigt aus seinem Grabe,
Greift nach der Harfe, schlägt die Augen ein
Und preist den Herrn, daß er die Ehre habe,
Dem Herrn der Völker einen Psalm zu weihn.
Wie einst zu Abisags von Sunem Tagen
Hört wieder man ihn wild die Saiten schlagen
Indes sein hehres Preis- und Siegeslied.

Wie Sturmesbrausen nach dem Meere zieht.
Willkommen, Fürst, in meines Landes Grenzen,
Willkommen mit dem holden Eh'gemahl,
Mit Geistlichkeit, Lakaien, Exzellenzen
Und Polizeibeamten ohne Zahl.
Es freuen rings sich die histor'schen Orte
Seit vielen Wochen schon auf deine Worte,
Und es vergrößert ihre Sehnsuchtspein
Der heiße Wunsch, photographiert zu sein...[...]

So sei uns denn noch einmal hoch willkommen
Uns laß dir unsere tiefste Ehrfurcht weihn,
Der du die Schmach vom Heil'gen Land genommen,
Von dir bisher noch nicht besucht zu sein.
Mit Stolz erfüllst du Millionen Christen;
Wie wird von nun an Golgatha sich brüsten,
Das einst vernahm das letzte Wort vom Kreuz
Und heute nun das erste deinerseits.

Der Menschheit Durst nach Taten läßt sich stillen,
Doch nach Bewund'rung ist ihr Durst enorm.
Der du ihr beide Durste zu erfüllen
Vermagst, sei's in der Tropenuniform,
Sei es in Seemannstracht, im Purpurkleide,
Im Rokokokostüm aus starrer Seide,
Sei es im Jagdrock oder Sportgewand,
Willkommen, teurer Fürst, im Heil'gen Land!

Hieronymus.[124]

Unmittelbar nach der Premiere seines Dramas *Der Erdgeist* am 29. Oktober 1898 im Schauspielhaus München, in dem Wedekind unter der Leitung von Georg Stollberg als Theatersekretär, Dramaturg, Regisseur und Schauspieler engagiert war, erhält er noch im Schauspielhaus die Nachricht, dass die Polizei unterwegs sei, um ihn zu verhaften. Dem Umstand, dass sich die Münchner Polizei der Staatsanwaltschaft Leipzig wenig behilflich zeigt, ist es zu verdanken, dass sich Wedekind zusammen mit seinem Verleger bei Nacht und Nebel mittellos ins Exil nach Zürich absetzen kann. Mit einem Schlag scheinen damit alle Aussichten zerstört, die sich in den letzten Monaten endlich auftaten und zum Durchbruch seiner Dramen in den Schauspielhäusern führen sollten. Damit hatte er aus einer materiellen Notlage heraus mit einem Schlag die Zukunft als Dramatiker verspielt.

Frank Wedekind als Bänkelsänger in Zürich,1888

Um rehabilitiert zu werden, gab es für Wedekind nur eine Chance: Er musste sich den Behörden stellen. Nach seiner Verurteilung in Leipzig saß er seine Haftstrafe auf der Festung Königstein vom 21. September 1899 bis zur Begnadigung im März 1900 ab. Die erleichterten Haftbedingungen versorgten ihn jedoch neben bester Verpflegung sogar mit Zigarren und Wein, so dass er eine gedeihliche Atmosphäre vorfand, um seinem Drama *Der Marquis von Keith* den letzten Schliff zu geben. An seine Mutter schreibt er am 5. Oktober 1899:

Ich bin auch sehr fleißig und werde bald mit einem neuen Stück vor die Oeffentlichkeit treten, das hoffentlich besser und aufführbarer sein wird als mein Erdgeist. [125]

Ein später entstandenes Spottlied auf das politische Fahndungswesen ist der nachfolgend zitierte *Zoologe von Berlin*. Hier sieht sich Wedekind in der Figur des Zoologen, der wegen Majestätsbeleidigung vor den Richter zitiert wird. Seine Verteidigungsrede, mit der er seine Unschuld beweisen will, strotzt vor Anspielungen. Der flotte, frische Ton, der das ganze Bänkellied durchzieht, lässt eine bei Wedekind seltene humorvolle Stimmung aufkommen:

Hört, Ihr Kinder, wie es jüngst ergangen
Einem Zoologen in Berlin!
Plötzlich führt ein Schutzmann ihn gefangen
Vor den Untersuchungsrichter hin.
Dieser tritt ihm kräftig auf die Zehen,
Nimmt ihn hochnotpeinlich ins Gebet
Und empfiehlt ihm, schlankweg zu gestehen,
Daß beleidigt er die Majestät...[...]

Viel Respekt hab' ich vor dir, o Richter.
Unbegrenzten menschlichen Respekt!
Läßt du doch die ärgsten Bösewichter
In Berlin gewöhnlich unentdeckt.
Doch wenn hochzurufen ich mich sehne
Von dem Schwarzwald bis nach Kiautschau,
Bleibt deshalb gestreift nicht die Hyäne?
Nicht ein schönes Federvieh der Pfau?

Also war das Wort des Zoologen,
Doch dann sprach der hohe Staatsanwalt;
Und nachdem man alles wohl erwogen,
Ward der Mann zu einem Jahr verknallt.
Deshalb vor Zoologie-Studieren
Hüte sich ein jeder, wenn er jung;
Denn es schlummert in den meisten Tieren
Eine Majestätsbeleidigung.[126]

Man spürt die schwungvolle Nachdrücklichkeit seiner auf den Vortrag berechneten Rhythmen, die Wedekind mit Vorliebe zur Anwendung bringt. Typisch ist auch die gegensätzliche Gedankenfolge, die den Respekt vor dem Richter ausdrückt und gleichzeitig die tückische Moral verkündet. Somit bleibt er auch hier seiner Devise treu, alles literarisch aufgearbeitet zu haben, was er selbst erlebt hatte. In die gleiche Richtung geht auch das im Folgenden auszugsweise zitierte Gedicht mit dem

Titel *Des Dichters Klage*, aus dem wir abermals den Bekenner Wedekind vernehmen.

Schwer ist's heute, ein Gedicht zu machen,
Darum läßt man es am besten sein;
Wenn die Menschen wirklich drüber lachen,
Sperrt man den Verfasser meistens ein;
Wenn sie sich jedoch in Tränen winden,
Dann verhungert schließlich der Poet,
Deshalb wird man es begreiflich finden,
Daß die Poesie zugrunde geht...[...]

Doch ich weiß uns Rat aus der Bedrängnis:
Laßt den Reichstags-Kasten nur in ein
Majestäts-Beleidigungs-Gefängnis
Umgebaut und umgewandelt sein,
Dann sind wir erlöst von allem Bösen;
Tierisch vegetiert des Volkes Sinn,
Und ich bleibe, wie ich stets gewesen,
Ihr devoter Dichter
Benjamin.[127]

Wedekinds Interesse am weltpolitischen Geschehen beweisen auch die Gedichte *Trost* (S. 308), *Menschlichkeit* (S. 310), *Beweise* (S. 312) und *Der Staatssekretär* (S. 314). Ein letzter Anklang an die Lenzburger Liebesgedichte findet sich in seinen 'Sozialen Gedichten'. Im Februar 1899 verfasst er das Bänkel *An eine angehende Lehrerin.* Da die Inspiration zu diesem Poem vermutlich Jahre zurückliegt, dürften die Notizen dem 'Steinbaukasten' entnommen sein. Wie Frank in seinem Tagebuch vermerkt, kannte er eine ehemalige Verehrerin mit dem Namen Delilah, „die jetzt irgendwo Lehrerin ist und die kleinen Mädchen zur Sittsamkeit erzieht“.[128] Anstelle der Namen der Lehrerin und des Autors treffen wir jedoch nur auf Pseudonyme. Hier ein Auszug des Bänkellieds:

Schöne Martha, die ich einstens liebte,
Warum lieb' ich heute dich nicht mehr?
Was den Einklang unsrer Seelen trübte
Zu ergründen, ist weiß Gott nicht schwer!
Du bist furchtbar philiströs geworden,
Während mir im Kampf die Zeit verrinnt;
Und noch trag' ich leider keinen Orden,
Der mir deine Achtung abgewinnt...[...]

Komm heraus aus deiner Geistesfeste
Und verlaß dein düstres Seminar!
Für die Weiblichkeit bleibt doch das Beste,

Was am Weib dazu geschaffen war.
Gib es nicht zum Trocknen wie die Pflanzen,
Die du still in dein Herbarium preßt,
Sondern laß den süßen Kobold tanzen,
Wie ein gütiger Gott ihn tanzen läßt.
Müller von Bückeburg.[129]

Die Entstehungszeit der meisten Moritaten- und Bänkellieder unseres Autors erstreckt sich von den Jahren 1880 bis 1905. Viele davon sind im Sammelband *Die Fürstin Russalka (1897)* erschienen. Das Einmalige, das diese Bänkellieder auszeichnet, ist, dass Wedekind selbst die Musik zu diesen Texten schreibt und sich auch beim Vortrag mit der Gitarre begleitet. Dadurch kann er der Eigenart des Zupfinstruments entsprechend Rechnung tragen und weniger das Melodische als vielmehr das Rhythmische und Inhaltliche in den Vordergrund stellen. Seine lyrischen Werke, die von vornherein zum Vortrag bestimmt sind, kommen somit erst auf dem 'Brettl' in gesungener Form zur vollen Entfaltung. Bereits 1893 liegen die bekanntesten Bänkellieder wie *Brigitte B.* und *Ilse* in Text und Notation vor. In seinem Vortragsstil und Gestus stellt Wedekind eine Provokation dar und übertrifft dabei alles bisher Dagewesene. Seine durch triviale Muster inspirierten und teilweise zur erotischen Schockpoesie gesteigerten Moritaten- und Bänkellieder haben auf die deutsche Cabaretpoesie vor und nach dem ersten Weltkrieg entscheidenden Einfluss. Dabei prädestiniert ihn seine Begabung, verbunden mit seiner ironischen Skepsis, zur Varietékunst in ihrer feinsten Blüte.

Als Wedekind im März 1900 aus der Festungshaft entlassen wird, schließt er sich in München einer Schriftstellergruppe an, die sich im Kaffee des Operettentenors José Benz in der Leopoldstraße trifft und bald bahnbrechend für die Kleinkunst des 'Brettls' wird. Hier entsteht das erste deutsche Cabaret, noch ehe Ernst von Wolzogen in Berlin sein 'Überbrettl' gründet. Das Münchner Cabaret sollte neben der Darbietung verschiedenartigster dichterischer und musikalischer Kleinkunst vor allem auch eine freimütige Kritik am Zeitgeschehen üben. Am 13. April 1901 war es dann soweit, dass die 'Elf Scharfrichter' zu ihrer ersten 'Exekution' im Gasthof 'Zum Hirschen' schreiten konnten.

Das Lokal lag zwar noch nicht auf Schwabinger Boden, doch rekrutierten sich Mitwirkende und Publikum größtenteils aus der Schwabinger Bohème und ihren Sympathisanten. In der Mitte des kleinen Saales prangte beherrschend ein 'Schandpfahl', an dem die jeweiligen Zensurbescheide und bekämpften Übelstände angenagelt waren. Darüber als Wahrzeichen ein beilzersplitterter Philisterschädel mit Zopf und Perücke, Symbol des fortschrittlichen Geistes.[130] „Der Chansonier Marc Henry, elegant im Frack, erschien auf der mit Rundvorhang und versenktem Orchester versehenen Bühne und sagte in gebrochenem Deutsch, das er glänzend beherrschte, ein Programm von Gedichten, Liedern, Schatten- und Puppenspielen an. Doch zuvor umkreisten die 'Elf Scharfrichter' in blutroter Henkerstracht mit geschulterten Beilen, einen schwarzen Block und sangen in groteskem Reigen Leo Greiners schaurig-schöne Hymne, die der Hauskomponist Richard Weinhöppel wirkungsvoll vertont hatte.“[131] Erfolgsentscheidend für die erste Aufführung war das Wedekind-Lied *Ilse*, von Marya Delvard vorgetragen:

> Ich war ein Kind von fünfzehn Jahren
> Ein reines unschuldsvolles Kind,
> Als ich zum erstenmal erfahren,
> Wie süß der Liebe Freuden sind...[...]
>
> Seit jenem Tag lieb' ich sie Alle,
> Des Lebens schönster Lenz ist mein;
> Und wenn ich Keinem mehr gefalle,
> Dann will ich gern begraben sein.[132]

Dieser Hit mit seiner Disharmonie von Liebe und Tod war nicht nur in München eine sensationelle Attraktion, sondern wurde ebenso in Berlin bei Wolzogens 'Überbrettl' mit großem Erfolg allabendlich zu Gehör gebracht. Weitere prägnante Mitglieder des Ensembles waren der Regisseur Otto Falckenberg, die Schriftsteller Ludwig Thoma und Willy Rath sowie der Architekt Max Langheinrich. Wedekind tritt dem Ensemble als einziger ohne Pseudonym bei, da er sich nicht verstecken, sondern bekannt werden wollte. Als Interpret seiner eigenen Lautenlieder wird er schnell zum profiliertesten Mitglied der Gruppe. Seine Rechnung, auf diesem Wege bekannt zu werden, geht also auf. Zudem hat er durch die ungeliebte Tätigkeit auf dem Brettl erstmals ein regelmäßiges Einkommen. Gleichzeitig sichert er sich die Gunst des Publikums, auf die er bei seinen Vorstellungen im Münchner Schauspielhaus als Dichter, Dramaturg und Schauspieler dringend angewiesen ist. Es ist ausschließlich Frank Wedekind zu verdanken, dass das Vorbild des französischen 'Cabarets' in Deutschland Schule macht. Hier auf dem 'Brettl' nutzt er die ganze Palette kecker, greller und bisweilen giftiger Farben aus und stellt die Logik auf den Kopf. Kunterbunt wird hier Burschikoses, Katzenjämmerliches, Makabres und Satanisches zu schillernder Wirkung gebracht. Dabei hämmern sich Wedekinds Strophen ins Gehör und Gedächtnis der Zuschauer ein, werden zu Gassenhauern und gewinnen zeitgemäße Popularität.

Düster und voller Grauen ist die gedrängte und wirkungsvolle Mordschilderung in dem Bänkellied *Der Tantenmörder*, das im Folgenden auszugsweise zitiert wird. Dieses Bänkellied erinnert in seinem Ich-Ton an die alten Moritaten der fahrenden Bänkelsänger, die auf Jahrmärkten einem staunenden Publikum die neuesten Schauergeschichten, politischen Ereignisse, Katastrophen und blutigen Verbrechen in grellen Farben schilderten. Wedekind stellt zusätzlich die Logik auf den Kopf, wenn er am Ende des Liedes die Richter verachtet, weil sie den Übeltäter bestrafen.

Acht der 'Elf Scharfrichter' im Hof der Münchner Gaststätte 'Zum Hirschen'.
Ganz links Frank Wedekind

Ich hab meine Tante geschlachtet,
Meine Tante war alt und schwach,
Ich hatte bei ihr übernachtet
Und grub in den Kisten-Kasten nach...[...]

Was nutzt es, daß sie sich noch härme!-
Nacht war es rings um mich her-
Ich stieß ihr den Dolch in die Därme,
Die Tante schnaufte nicht mehr...[...]

Ich hab' meine Tante geschlachtet,
Meine Tante war alt und schwach;
Ihr aber, o Richter, ihr trachtet
Meiner blühenden Jugend-Jugend nach.[133]

Mit der Umkehrung der Logik unterscheidet sich dieses Bänkellied wesentlich von den volkstümlichen Balladen, bei denen stets das Gute siegt und das Böse bestraft wird. Damit befindet sich Wedekind in guter Gesellschaft: die berühmtesten Balladendichter Schiller, Bürger, Heine und Friedrich Theodor Vischer kannten und verwendeten den gleichen Stil. Was uns hier gezeigt wird ist der Pauschalprotest des 'Bürgerschrecks' Wedekind gegen alle festen Werte, eine Aufwertung des Abnormalen und Ungesetzlichen, ein Hass gegen jede gültige Ordnung. Damit steht der Besitz des Geldes bei unserem Autor in einem positiven Verhältnis zum Lebensgenuss und zu seinem Hedonismus. Auch in der Ballade *Der Taler* dominiert wieder die Rolle des Geldes. Dabei spielt das Gedicht auf die moralische Werteskala des Lesers an:

Blitzt der Taler im Sonnenschein
Blitzt dem Kind in die Augen hinein,
Über die Wangen rollen die Tränen.
Mutter zieht gar ein ernst Gesicht:
Vor dem Taler, Schatz fürchte dich nicht:
Nach dem Taler sollst du dich sehnen.[134]

In belehrender Weise versucht die Mutter, das Kind mit den Regeln der Gesellschaft vertraut zu machen. Dabei steht der Taler im Mittelpunkt des gesellschaftlichen Universums, er wird sogar mit der Sonne, dem Mittelpunkt des biologischen Universums, gleichgesetzt. Dadurch wird der Taler zum Lebensquell. „Die Verknüpfung von Leben und Kommerz, von Vitalität, Sexualität und Geld wird in vielen Bänkelliedern des Autors thematisiert."[135] Gedanklich eine der gehaltvollsten Bänkelsängerballaden ist *Das Lied vom armen Kind.* In ihm ziehen neben einem blinden Knaben ein armer alter Mann, ein lahmes Weib, ein räudiges Hundevieh und 'die Jungfrau mit dem Knebelbart' durch alle Strophen. Hier ein Auszug der neunstrophigen Ballade:

Es war einmal ein armes Kind,
Das war auf beiden Augen blind,
Auf beiden Augen blind;
Da kam ein alter Mann daher,
Der hört auf keinem Ohre mehr,
Auf keinem Ohre mehr.
Sie zogen miteinander dann,
Das blinde Kind, der taube Mann,
Der arme, alte, taube Mann.

So zogen sie vor eine Tür,
Da kroch ein lahmes Weib herfür,
Ein lahmes Weib herfür.
Bei einem Automobilunglück
Ließ sie ihr linkes Bein zurück,
Das ganze Bein zurück.
Nun zogen weiter alle drei,
Das Kind, der Mann, das Weib dabei
Das arme, lahme Weib dabei... [...]

Nun hört zum Schluß noch die Moral:
Gebrechen sind oft sehr fatal,
Sind manchmal eine Qual;
Frau Poesie schafft ohne Graus
Beneidenswertes Glück daraus,
Sie schafft das Glück daraus.
Dann schwillt der Mut, dann schwillt der Bauch,
Und sei's bei einer Jungfrau auch. -
So ist's der Menschheit guter Brauch.[136]

Wedekind intensiviert die Schockwirkung, auf die es bereits die trivialen Bänkelsänger abgesehen hatten, indem er mit Hilfe einer vordergründigen Handlung sein eigentlich soziales Anliegen zur Geltung bringt: Epiphanie einer grotesken Elendswelt. Der Wiederholung kommt dabei die Aufgabe zu, unbequeme Wahrheiten einzuhämmern. Durch die bittere Moral der ausgestoßenen und kranken Kreaturen erhält die Moritat einen besonderen Reiz.

Wedekind trägt seine Lieder so gekonnt und auf Effekt berechnet vor, dass er bald über alle Grenzen hinaus berühmt wird. Das Bänkellied *Fräulein Ella Belling* (S. 316) hat die erste erfolgreiche Artistenfigur zum Inhalt. Wedekind kannte tatsächlich eine Artistin dieses Namens - eine Tochter des 'Zirkus Herzog' trug diesen Namen. Das literarisch nicht sehr hochwertige Werk zeigt Ella mit jugendstilhaften Attributen. Dabei wird die funkelnde Jugendpracht in vielen Farben beschrieben, die zum Träumen verleiten. In einem zweiten Gedicht *Ella Belling, Sonne Mond und Sterne* (S. 320) arbeitet Ella im Zirkus. Der Bänkelsänger vermerkt am oberen Rand „C-Dur“. Ella ist Drahtseilartistin, die mit einer Mischung aus Gleichgewicht und Raffinesse der degenerierten Tanzkunst in den Theatern entgegentritt. Die in den Texten beschriebenen Aussagen zeigen eine ökonomisch erfolgreiche Frau mit vitalistischen Attributen. Ella ist trittsicher in allen Lebenslagen. Sie verfügt nicht nur auf dem sich bewegenden Körper des Pferdes oder auf dem Seil über die erforderliche Balance sondern auch beim Umgang mit ihren Verehrern. Ella schlägt das lyrische Ich in einen erotischen Bann. Sie wird von unserem Bänkelsänger durch ihre traumwandlerisch verspielte Sicherheit auf dem Seil im wahrsten Sinne des Wortes in den Himmel gehoben. So tauchen denn auch die Himmelskörper 'Sonne, Mond und Sterne' am Ende jeder Strophe in einem Refrain auf. Ella verkörpert eine Artistin, deren Kunst Schein, deren Realität Geschäft ist. Die Zirkusmetapher ist somit das Beispiel einer Verbindung von Lebenskunst und Kommerz. Was Wedekind zeigt ist „nicht ein homogenes soziales Milieu, sondern eine Gesellschaft, in der Macht und Gewinn jedem zugänglich sind, dem es gelingt, sich nach oben durchzukämpfen“.[137]

Zu diesem Genre zählt auch eine unveröffentlichte Ballade aus der Münchner Zeit. Sie trägt den Titel *„Ännchen Tartini, die Kunstreiterin. Grosse Romanze in sieben und sechzig Strophen und einem Prolog, mit einem moralischen Hintergrund, gesetzt und gesungen durch einen fahrenden Sänger zu München im Jahre des Heils 1886“.*[138] Wedekind sieht sich bei dieser Schilderung aus dem Dirnenmilieu selbst in der Tradition der großen Volkssänger. Ännchen ist Kunstreiterin - aber keine Kunstreiterin in üblichem Sinne, sie ist Prostituierte. Nach einem Prolog zeigt uns Wedekind eine femme fatale:

> Solchen Sang hab' ich vollendet,
> Wie er hier geschrieben steht.
> Männer, seid nicht so verblendet,
> Daß ihr dran vorüber geht! -
>
> Viele werdet ihr verfluchen,
> Die bei euch um Gnade suchen,
> Geht mit ihnen ins Gericht,
> Aber sie verdienen's nicht...[...]
>
> All ihr Männer seid geladen
> In das neue Himmelreich:
> Dieser Busen, diese Waden,
> Alles das gehöret euch...[...]
>
> Und die Herren schauen's lieber
> Mit der Brillen auf der Nas'
> Setzen noch den Zwicker drüber
> Und davor ein Opernglas.

Und so forschen und so spähen
Nach dem süßen Wunder sie,
Ob es Wahrheit, was sie sehen,
Ob es Spiel der Phantasie...[...]

Im Reiten auf dem Pferd entfaltet Ännchen ihre wundervolle Aktivität. Der Zweck dieser Schau, in der sich Leben und Schönheit im Auge des Zuschauers aufreizend darbieten, ist eindeutig: Das Geld soll in der Kasse klingeln. Nirgends sonst erscheint der Zirkus so eindeutig und unverblümt als der Ort, an dem die primitiven Instinkte angesprochen werden. Mit allen Mitteln wird die Sexualität aufgestachelt, das Leben springt aus allen Schlitzen, die Ännchens Mutter dem Kind eigens ins Kleid genäht hat. „Damit entfaltet sich die Erotik nicht offen, sondern scheinbar zufällig, so dass es den verklemmten männlichen Zuschauern ermöglicht wird, ohne schlechtes Gewissen nach den blitzenden Höschen zu schielen."[139] Die letzte Strophe stellt wieder den Bezug zum Prolog her:

„Reiten und geritten werden!"
Lächelt Ännchen tief bewegt:
„Ach es gibt doch auch Beschwerden
Die man liebend gerne trägt!!"[140]

Auch in dem nachfolgend zitierten Bänkellied *Die sieben Heller* hat jeder Lebensgenuss seinen festen Preis, und so wird selbst noch aus dem letzten Heller das Bestmögliche heraus geholt. Damit wird das Geld zur Triebkraft des gesellschaftlichen Lebens. Wer es zu erwerben versteht steigt auf, wem dies nicht gelingt, der steigt ab:

Großer Gott im Himmel, sieben
Heller sind mir noch geblieben!
Was nur fang' ich armer Mann
Mit den sieben Hellern an.

Tod und Teufel, wären's zwanzig,
Tanzte gleich noch einen Tanz ich
Auf der Bühne buntbemalt,
Wo man zwanzig Heller zahlt!... [...]

Ach, und wären's auch nur zehne!
Ein Schluck Bier, den ich ersehne,
Ist er gleich ein wenig klein,
Muß für zehne käuflich sein...[...]

Kommt bei Wettersturm und Regen
Dir ein Bettelkind entgegen,

Schwarz von Auge, schwarz von Haar,
Busen im Entwicklungsjahr,

Wirf ihr deine sieben Heller
In des Hemdes losen Göller,
Sag' ihr, sie sei engelschön,
Schweig und heiß sie weitergehn!

Du hast Freude, sie hat Freude,
Freuen werdet ihr euch Beide;
Meine Freude hab' auch ich,
Segne und belohne dich![141]

Die im Bänkel eingesetzten Formeln 'großer Gott im Himmel' und 'segne und belohne dich' sind typisch für die Ironie und verfremdende Konstruktion mit der Wedekind das Gegenteil dessen, was er formuliert, erreichen will. Die Bibelzitate sollen demnach im Wesentlichen verfremden, spiegeln und provozieren. Ein ebenso erfolgreiches Bänkellied ist *Margaretha* (S. 322). Hier spricht Wedekind bewusst das Thema der Bleichsucht an, um mit dem medizinischen Aberglauben aufzuräumen, diese Erkrankung würde durch Onanie verursacht. Dieses heikle Thema greift er abermals in *Frühlings Erwachen* im Dialog von 'Wendla' auf.

Der Gegensatz von romantischer und sinnlicher Liebe ist in Wedekinds Werk von Beginn an dominant und begründet seine literarische Grundposition. Die romantische Liebesform, die wir noch in den 'schwärmerischen Liebesgedichten' des Gymnasiasten antreffen, erfährt gegenüber der sinnlichen Liebe und der Prostitution späterer Dichtungen eine deutliche Abwertung. Wie bereits Artur Kutscher schreibt, sind die Sinnlichkeit und das Diesseits, also Lebensgenuss und Weltfreude, nach der Überwindung der frühen pessimistischen Phase primäres Anliegen des Autors.[142] Deshalb fällt es ihm schwer, sich mit dem Naturalismus anzufreunden, so dass er nur verächtliche Worte für die Vertreter dieser Stilrichtung findet. Dies belegt auch das Gedicht *Die dramatische Gesellschaft* (S. 324). Hier übt er barsche Kritik an seinem Freund Otto Erich Hartleben, der zum 'Friedrichshagener Kreis' gehörte, zu dem Wedekind 1889 während seines Berliner Aufenthalts Kontakt hatte.

Wedekinds uneingeschränkter Verdienst blieb es, in einer Zeit der Prüderie und bürgerlichen Verlogenheit gegen die Tabuisierung sexueller Moral gekämpft und neue Maßstäbe gesetzt zu haben. Bei der Beurteilung seines Lebenswerks darf nicht übersehen werden, dass es zur gleichen Zeit entstand wie der verklemmte Ratgeber des Arztes Dr. Karl Weißbrodt *Die eheliche Pflicht,* der damals Moralkodex bürgerlicher Haushalte war. Hier wird der eheliche Akt unter religiösen und pseudowissenschaftlichen Gesichtspunkten dargestellt. Dabei werden unsinnige Ratschläge erteilt und vor allzu häufigem sexuellem Kontakt gewarnt, da dies zu einer Überreizung des Rückenmarks führen könne und Geisteskrankheiten Vorschub leiste.[143] Unter diesem Aspekt wird deutlich, dass der freie und lustvolle Umgang mit der Sexualität um die Jahrhundertwende vielfach nur in der Prostitution möglich war. Vor diesem Hintergrund werden Wedekinds zahlreiche literarische Versuche zu diesem Thema verständlich, da er nur hier den Ausweg zu ungestörtem 'Lebensgenuss' und zu freiem Umgang mit der Sexualität sah. Damit gelang es ihm mit seinem lyrischen Werk bereits in der wilhelminischen Ära gegen die Triebunterdrückung anzukämpfen.

Wie alle Erneuerer überspannt er den Bogen, vor allem wenn es um moralische und religiöse Werte geht und er die Befreiung der Frau aus den Fesseln der bürgerlichen Gesellschaft zu einseitig sieht.

Auch wenn Wedekind mit seiner künstlerischen Tätigkeit und dem Hungerlohn im 'Überbrettl' nie glücklich war, führt uns diese Zeit doch unmerklich hinüber in seine nächste Epoche als großer Dramatiker. Hier hat er zahlreiche Gedichte, Balladen und Bänkellieder noch einmal in seine Bühnenwerke eingearbeitet und viele Vorlagen aus seinem 'Steinbaukasten' in dramatische Form gegossen. Als in den Tagen seines Bühnenruhmes nochmals ein Agent Wedekind für das Cabaret engagieren wollte, antwortete er mit todernster Stimme: „Waren Sie mit dieser Aufforderung auch schon bei Gerhart Hauptmann?“[144] Man weiß nicht, was komischer ist, dieser stolze Anschein, als wäre ihm eine solche Rolle niemals angetragen worden, oder die Zumutung, sich Gerhart Hauptmann als Bänkelsänger vorzustellen.

Der 'Scharfrichter' Frank Wedekind mit seiner Mandoline

Trost.

Alle, die tot auf dem Schlachtfeld liegen,
hatten ein Leben nur zu verlieren,
Und doch ist es stets wieder ein Vergnügen
[illegible] Grenzen zu korrigieren.
Der Dichtende brummt verächtlich: Ach!
Die Menschen? Die wachsen rasch wieder nach.

Trost

Alle, die tot auf dem Schlachtfeld liegen,
Hatten ein Leben nur zu verlieren,
Und doch ist es stets wieder ein Vergnügen,
Europas Grenzen zu korrigieren.
Der Diplomat brummt verächtlich: Ach!
Die Menschen? Die wachsen rasch wieder nach.[145]

Menschlichkeit.

Der grausamste Krieg – der menschlichste Krieg!
Zum Frieden führt er durch ersehnten Sieg.
~~Das hört der Gegner und denkt~~: Halloh,
Natürlich mach ich dann ebenso!
Nun treiben die beiden Widersacher
Die Grausamkeit ins Ungeheuerliche
Und suchen durch das grausamste Wüten
Sich gegenseitig zu überbieten –
Jeder gegen den andern braucht
Noch zehn Millionen Leute,
Und wenn sie noch nicht aufgehört,
Dann wüten sie noch heute.

Kaum hörte der Gegner, denkt er: Halloh!

Menschlichkeit

Der grausamste Krieg - der menschlichste Krieg!
Zum Frieden führt er durch raschesten Sieg.
Kaum hört's der Gegner, denkt er: Hallo,
Natürlich wüt ich dann ebenso!
Nun treiben die beiden Wüteriche
Die Grausamkeit ins Ungeheuerliche
Und suchen durch das grausamste Wüten
Sich gegenseitig zu überbieten -
Jeder gegen den andern bewehrt
Durch zehn Millionen Leute,
Und wenn sie noch nicht aufgehört,
Dann wüten sie noch heute.[146]

Beweise.

Wie könnt ihr nur noch nach Beweisen verlangen,
Wer den Weltkrieg hat angefangen!
Fand doch Beweise, die völlig genügten,
Der Sieger sofort im Hause des Besiegten!

Beweise

Wie könnt ihr nur noch nach Beweisen verlangen,
Wer den Weltkrieg hat angefangen!
Fand doch Beweise, die völlig genügten,
Der Sieger sofort im Haus des Besiegten![147]

Der Staatssekretär

Manch ein Buch ist doch lächerlich!
Herr Staatssekretär Doktor Helfferich
Schrieb da ein Buch, in dem er verkündet
Und aktenmäßig auch sachlich begründet,
Wie unsere Feinde den Weltkrieg entzündet.
Da bellt die Rheinisch-Westfälische Zeitung:
Das Buch dient der Lüge zur Verbreitung,
Also England — o gräßliches Geschrei! —
Völlig schuldlos am Weltkrieg sei.
Nun staunt aber unser Staatssekretär:
Seite vierzig, Zeile sieben von unten her
Findet genau der Nachweis statt,
Welche Schuld England am Weltkrieg hat.
Die klaren ~~Ziege~~ Worte nicht zu begreifen,

Müßte man sich auf Verleumdung versteifen ——
Lehre geschehe, um sich einzuschärfen:
Du sollst nicht ein Glashaus mit Steinen werfen.

Der Staatssekretär

Manch ein Pech ist doch lächerlich!
Herr Staatsekretär Doktor Helfferich
Schreibt da ein Buch, in dem er verkündet
Und aktenmäßig aufs Klarste begründet,
Wie unsere Feinde den Weltkrieg entzündet.
Da tobt die Rheinisch-Westfälische Zeitung:
Das Buch dient der Lüge zur Verbreitung,
Dass England - o grässliche Heuchelei! -
Völlig schuldlos am Weltkrieg sei.
Nun schäumt aber unser Staatssekretär:
Seite vierzig, Zeile sieben von unten her
Findet genau der Nachweis statt,
Welche Schuld England am Weltkrieg hat.
So klare Worte nicht zu begreifen,

Müsse man sich auf Verleumdung versteifen. - -
Also geschehn, um uns einzuschärfen:
Du sollst nicht im Glashaus mit Steinen werfen.[148]

21 +

Fräulein Ella Belling

Lichte Perle, leuchtende Rose,
Lieblich funkelnd im flammenden Schein,
In der Farben buntem Getose
Freudestrahlender Edelstein,

Wiegst so wohlig empor, darnieder,
Wie aus stärkendem Schlaf erwacht,
Deiner märchenduftigen Glieder
Hold entfesselte Jugendpracht.

Deines Haares dämonische Fluten
Gleiten, ein berauschender Traum;
Deiner Augen nächtliche Gluten
Bergen sich scheu unter schattigem Saum;

Über den Augen Blitze sprühende
Jäh auflodernde Herrlichkeit,
Deiner Arme marmorblühende
Selig lachende goldene Zeit,

22.

Deiner Augen lustig erschlossener
Blumengärten auf sonniger Au,
Deines Mundes glanzübergossener
Frühlingsmorgen im Silberthau;

Anmuth strahlend und vielgestaltig,
Schaukelnd, gaukelnd in leichtem Sinn,
Jede Bewegung so gottgewaltig
Wie der Blick einer Herrscherin —

Deine in heimlich heiteren Tagen
Herzverzehrende Zauberei
Hat mich in glühende Ketten geschlagen,
Herrliches Mädchen, o gieb mich frei.

Franklin Wedekind.

Deiner Lippen lauschig erschlossener
Blumenpurpur auf samtener Au,
Deines Mieders glanzübergossener
Frühlingsmorgen im Silbertau,

Anmutschwellend und vielgestaltig
Schaukelnd, gaukelnd in leichtem Sinn,
Jede Bewegung so gottgewaltig
Wie der Wink einer Herrscherin -

Deine in himmlisch heitrem Behagen
Herzverzehrende Zauberei
Hat mich in glühende Ketten geschlagen,
Herrliches Mädchen, o gib mich frei.[149]

Franklin Wedekind

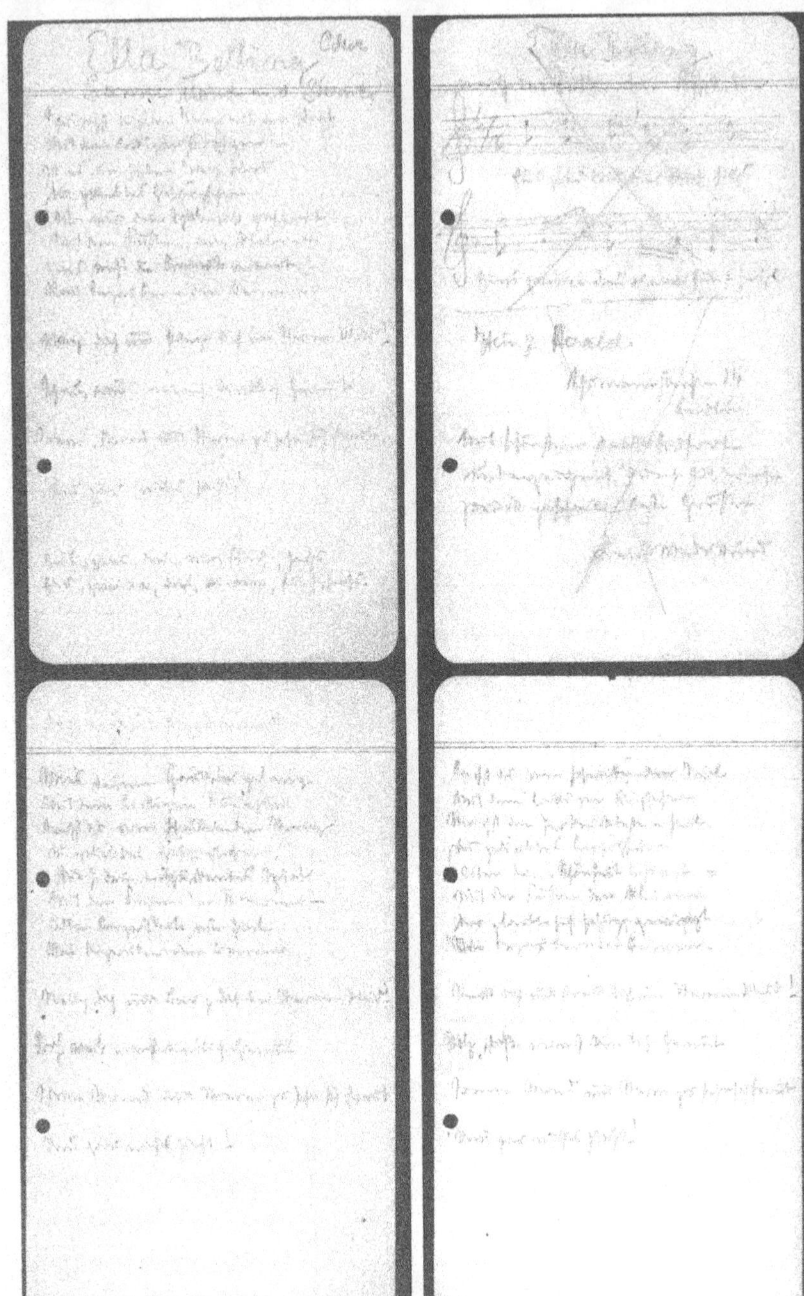

Ella Belling C Dur

Sonne, Mond und Sterne

Springst Du zum Tanz auf dem Draht
Mit dem lockigen Köpfchen,
Ist es um jeden Tag schad,
Du geliebtes Geschöpfchen,
Wo wir Dein Spiel nicht geschaut
Mit den Füßen, den kleinen
Uns nicht die Anmut erbaut
Von bezaubernden Beinen.
Wieg Dich und bieg Dich im Sternenkleid!
Schau, wie manch kindlich Gemüt
Sonne, Mond und Sterne zu sehn sich freut
Und gar nichts sieht!

Wies's Deinem Gaukeln gelang
Mit dem lockigen Köpfchen
Siehst Du vom schaukelnden Strang,
Du geliebtes Geschöpfchen.
Durch Dein entzückendes Spiel
Mit den Füßen, den kleinen -
Alle begeistert ein Ziel
Von bezaubernden Beinen.
Neig Dich und beug Dich im Sternenkleid!
Froh weil manch kindlich Gemüt
Sonne, Mond und Sterne zu sehn sich freut
Und gar nichts sieht!

Lachst Du vom schwebenden Seil
Mit dem lockigen Köpfchen,
Machst den Zerknicktesten heil -
Du geliebtes Geschöpfchen.
Wen Deine Schönheit besiegt
Mit den Füßen, den kleinen
Der glaubt sich selig gewiegt
Von bezaubernden Beinen.
Reck Dich und streck Dich im Sternenkleid!
Stolz, dass manch kindlich Gemüt
Sonne, Mond und Sterne zu sehn sich freut
Und gar nichts sieht! [150]

Margaretha.

Du hast die Bleichsucht, liebes Kind,
Blass bist du, wie der Tod.
Und frag' ich Dich, woher das kommt,
So wirst du purpurroth.

Du senkst die Blicke in den Schoos,
Es perlt Dein Auge nass.
Und frag' ich Dich, woher das kommt,
So wirst Du Leichenblass.

Margaretha

Du hast die Bleichsucht, liebes Kind,
Blass bist Du, wie der Tod.
Und frag' ich Dich, woher das kommt,
So wirst Du purpurrot.

Du senkst die Blicke in den Schoß,
Es perlt Dein Auge nass.
Und frag' ich Dich, woher das kommt,
So wirst Du leichenblass.[151]

Die Dramatische Gesellschaft.

Neulich hat man auf den Brettern
Wieder mal ein Stück gesehn,
Drin zwei kunstbeflissne Vettern
Plötzlich auf die Reise gehn.

Damen waren auch zugegen,
Deren eine leider stiehlt
Und zwar ihres Elends wegen,
Was sich aber nicht empfiehlt.

Denn der Mann hat sie verlassen,
Der sie, ach, so heiss geliebt,
Weil es keine Panzerkassen
In der ganzen Wohnung giebt.

Welche Stoffe, Otto Erich,
Kriegt man doch durch dich zu sehn!
Ihre Billigkeit verehr' ich
Wie die Goldene Hundertzehn.

Die dramatische Gesellschaft

Neulich hat man auf den Brettern
Wieder mal ein Stück gesehn,
Drin zwei kunstbeflissne Vettern
Plötzlich auf die Reise gehn.

Damen waren auch zugegen,
Deren eine leider stiehlt
Und zwar ihres Elends wegen,
Was sich aber nicht empfiehlt.

Denn der Mann hat sie verlassen,
Der sie, ach, so heiß geliebt,
Weil es keine Panzerkassen
In der ganzen Wohnung gibt.

Welche Stoffe, Otto Erich,
Kriegt man doch durch Dich zu sehn!
Ihre Billigkeit verehr' ich
Wie die Goldene Hundertzehn.[152]

10. Ausblick

Wedekinds zahlreiche Liebesgedichte, seine Balladen und Bänkellieder sowie der Briefwechsel mit seinen Freundinnen und Freunden zeigen uns schattenhaft und doch lebendig die Jugendjahre dieses berühmten Rebellen. Gleichzeitig entsteht vor unseren Augen ein anderes, nicht geschöntes Wedekindbild. Seine persönliche Verstrickung in amouröse Abenteuer während seiner Lenzburger Jugendjahre, seine liebevoll ausgestatteten Poeme, in denen er sich nicht nur als Dichter, sondern auch als Maler versucht und dennoch in seinen zwischenmenschlichen Beziehungen fragwürdig bleibt, erlauben uns einen Einblick in ein einmaliges Gesamtkunstwerk. Auch als Lehrer von Bertolt Brecht hat er auf dessen Songs und Balladen starken Einfluss genommen.

In seiner nächsten Schaffensperiode wendet er sich vom großbürgerlichen Leben im Schloss seiner Eltern ab. Sein weiteres Leben wird bestimmt sein durch einen farbenfrohen, pointiert unbürgerlichen Lebenswandel ohne festen Standort. Fast alle deutschen Städte besucht er als Schauspieler seiner eigenen Werke, um in der Zeit des Hochnaturalismus seine neue Bühnenkunst verständlich zu machen. Mit der spektakulären Uraufführung von *Frühlings Erwachen* unter der Regie von Max Reinhardt gelingt ihm 1906 in Berlin endlich der große Wurf, so dass er in den Folgejahren zum meistgespielten Autor auf allen deutschsprachigen Bühnen wird und laut Aufführungsstatistik bis zum Jahr 1918 insgesamt 4.570 Aufführungen verzeichnet sind.[153]

Sein Standort als Dichter und Schauspieler ist nun nicht mehr das Städtchen Lenzburg im elterlichen Schloss als Bezugspunkt, sondern das 'Zirkuszelt' der großen Bühnen. Als Dichter, Regisseur und Schauspieler wird er sein Publikum nicht nur provozieren, sondern meist auch faszinieren. In Atem halten wird er es jedoch, wenn er im Prolog zu seiner *Lulu*-Tragödie als 'Zirkusdirektor' mit schwarzen Stulpstiefeln, Frack, roter Weste und mit knallender Hetzpeitsche auftreten und sich unter dröhnendem Applaus rückwärts zum Publikum verneigen wird.

Archive

Aargauische Kantonsbibliothek:
Kantonsbibliothek Aarau, Wedekind-Archiv, Aargauerplatz 1, CH-5001 Aarau
Historisches Museum Aargau:
Kantonale Sammlungen Schloss Lenzburg, CH-5600 Lenzburg
Wedekind Archiv Lenzburg:
Burghaldemuseum, Schlossgasse 23, CH-5600 Lenzburg
Wedekind-Archiv München:
Monacensia Bibliothek und Literaturarchiv der Münchner Stadtbibliothek, Maria Theresia Strasse 23, D-81675 München/Bogenhausen

Abkürzungen

AK: Aargauische Kantonsbibliothek, Aarau
HL: Historisches Museum Aargau, Kantonale Sammlungen Schloss Lenzburg
BL: Burghaldemuseum Lenzburg
WM: Wedekind-Archiv München
DG: Wedekind, Frank: Dramen und Gedichte, Werke in 3 Bänden, Aufbau-Verlag, Berlin, 1969
GW: Wedekind, Frank: Gesammelte Werke. 9 Bd. München: Müller, 1924

Bildnachweis

Aargauische Kantonsbibliothek Aarau, Wedekind-Archiv:
S. 4, S. 49, S. 114.

Historisches Museum Aargau, Kantonale Sammlungen Schloss Lenzburg:
S. 6, S. 21, S. 301, S. 307.

Friedrich Eich, Lenzburg:
S.17, S. 18, S. 23, S. 51, S. 68, S. 130, S. 131, S. 132, S. 149.

Hans Weber, Lenzburg:
S. 188, S. 192.

Nikola Haubner, Mannheim:
S. 9, S. 46, S. 50.

Monacensia Bibliothek und Literaturarchiv: München, Wedekind-Archiv:
S. 5, S. 8, S. 113, S. 127, S. 128, S. 146, S. 180, S. 182, S. 296.

* Frontispiz: Editions- und Forschungsstelle Frank Wedekind, Prof. Vinçon, Darmstadt.

1 Vgl. Seehaus, Günter: Frank Wedekind mit Selbstzeugnissen und Bilddokumenten. 7. Auflage. Reinbek bei Hamburg: Rowohlt, 2000, S. 16-22.

2 Vgl. Haemmerli-Marti, Sophie: Mis Aargäu. Aarau: Sauerländer, o.J. [1939], S. 131.

3 Ebd. S. 132. Übersetzt aus der schweizerischen Mundart.

4 Kieser, Rolf: Benjamin Franklin Wedekind. Biographie einer Jugend. Zürich: Arche, 1990, S. 64.

5 Vgl. Ebd. S. 71.

6 Forcht, Georg: Die Medialität des Theaters bei Frank Wedekind. Herbolzheim: Centaurus, 2005, S. 55.

7 Vgl. Kutscher, Artur: Frank Wedekind. Sein Leben und seine Werke. München: Müller, 1922, Bd. 1, S. 41.

8 BL: 20.
Wenn Wedekind in diesem Gedicht auf die 'schwarzen Fluten' hinabschaut, so bezieht sich dies auf die Aare und die darüber führende Kettenbrücke in Aarau, auf der sich etwa zur gleichen Zeit zwei Klassenkameraden erschossen. Diesen spektakulären Zwischenfall hat Wedekind gedanklich auf sein zerrüttetes Elternhaus übertragen.

9 BL: 5.
'Sokrates', griechischer Philosoph, 470-399 v. Chr. lebte mit seiner Gattin Xanthippe in ärmlichen Verhältnissen und widmete sich der selbstlosen Erforschung der Wahrheit. Der eigenen Tugendlehre treu, verschmähte er, der Götterleugnung angeklagt und zum Tode verurteilt, die Flucht und trank mit philosophischer Ruhe den Giftbecher.

10 Kutscher, Artur: Frank Wedekind. Sein Leben und seine Werke. München: Müller, 1922, Bd. 1, S. 30.

11 Haemmerli-Marti, Sophie: Mis Aargäu. Aarau: Sauerländer, o.J. [1939], S. 147.
Aus der schweizerischen Mundart übersetzt.

12 AK: Nachlass Haemmerli-Marti, Sophie.

13 Haemmerli-Marti, Sophie: Mis Aargäu. Aarau: Sauerländer, o.J. [1939], S. 121.
Aus der schweizerischen Mundart übersetzt.

14 Kutscher, Artur: Frank Wedekind. Sein Leben und seine Werke. München: Müller, 1922, Bd. 1, S. 29.

15 Wedekind, Frank: Die Tagebücher. Ein erotisches Leben. Hg. v. Gerhard Hay. Frankfurt a.M.: Athenäum 1986, S. 32.

16 Haemmerli-Marti, Sophie: Mis Aargäu. Aarau: Sauerländer, o.J. [1939], S. 123.
Aus der schweizerischen Mundart übersetzt.

17 BL: Schulheft.

18 Kieser, Rolf: Benjamin Franklin Wedekind. Biographie einer Jugend. Zürich: Arche, 1990, S. 144.

19 AK: B2, 52.

20 AK: B6, Sig. Oskar Schibler
'De Scriptore' lat. vom Schriftsteller.
'Caesar', römischer Staatsmann und Feldherr, geboren am 12. Juli 102 starb am 15. März 44 durch die Dolche seiner Verschwörer.
Die 'heilgen Tiere' beziehen sich auf die vier Burgesel, mit denen die Wedekindbuben zum Wasser holen ins Städtchen herunterritten.

21 Haemmerli-Marti, Sophie: Mis Aargäu. Aarau: Sauerländer, o.J. [1939], S. 154.

22 AK: B3, 83
'Deliquenten' Übeltäter
Wedekind bezeichnet sich selbst in vielen Gedichten als 'Kater'.

'Karzer' ein ehemaliger Arrestraum in Schulen und Hochschulen.
'Pedell' Schul- oder Hochschuldiener, dem auch die Überwachung des Arrestraums oblag.
'Bacchanal', röm. Trinkgelage mit Tänzen, nach dem Weingott Bacchus benannt.

23 AK: B2, 44.
'Muse' in der griechischen Mythologie die Personifikation der Künste, zu welchen primär die Musik, Dicht- und Tanzkunst zählten.

24 BL: 4.
'Die böse Berta' war die Ehefrau des Rektors Thut.
'Amantes, Amantes!' lat. O, ihr Liebenden, O, ihr Liebenden.
'Molch' auch Schwanzlurch oder Salamander genannt.
'Eumeniden' griechische Rachegöttinnen.
'Fanny' Jugendfreundin und spätere Historiendichterin Fanny Oschwald-Ringier.

25 BL: 8. Auch in den *Gesammelten Werken* Bd. 8, 23 erschienen.
'Schildknappe' berittener, leicht bewaffneter Schildträger des Ritters, der das Schlachtross seines Herren an der rechten Seite führte, sobald dieser sein Marschpferd benutzte.

26 GW: 1, 37.

27 Mit seiner Dichtung 'Bucolica' bezieht sich Wedekind auf eine historische Studie des römischen Dichters Vergil, die 39 v. Chr. publiziert wurde und die, obwohl sie als Gedichtsammlung eine scheinbar zeitlose Hirtenwelt zeichnet, Anklänge an Ereignisse der Zeitgeschichte zeigt.

28 Vgl. AK: B VI, Sammlung Oskar Schibler

29 AK: B1, 23.
'Galathea' wurde in der gr. Sage vom Zyklopen Polyphem mit plumpen Liebesanträgen verfolgt.
'Kalliope' eine der neun Musen, die für das Epos stand.
'Leu', ältere Bezeichnung für Löwe.

30 Forcht, Georg: Die Medialität des Theaters bei Frank Wedekind. Herbolzheim: Centaurus, 2005, S. 41.

31 AK: B VI, Sammlung Oskar Schibler.
'In arce veris cum maxima amicitia. Amen!' lat.:
Auf dem Gipfel des Frühlings in größter Freundschaft. Amen!

32 WM: L 2311.

33 AK: B1, 23.

34 AK: B6, Sig. Oskar Schibler

35 Vgl. WM: L 3501.

36 BL: 2.

37 AK: B2, 44.

38 BL: 6. Auch in den *Gesammelten Werken* Bd. 8, 5 erschienen.

39 BL: 12. Dieses Gedicht ist vermutlich die Urfassung von *Pennal*.
Es ist in den *Gesammelten Werken* Bd. 1, 23 erschienen, jedoch um drei Strophen gekürzt:

Länger kann mein Herz ich nicht bezähmen -
Ach du lieber Gott, ich tat es nie! -
Doch Sie dürfen es nicht übel nehmen,
Aber ich gesteh's, ich liebe Sie.
Und wenn ich Sie auf der Straße sehe,
Dann ergreift es mich, ich weiß nicht wie;
Dann wird es mir klar und ich gestehe
Ihnen noch einmal: ich liebe Sie.

Ob ich gehe, stehe, liege, sitze,
Ob ich meinen Aufsatz schreiben soll,

Ob ich über der Grammatik schwitze,
Stets erscheint Ihr Bild verheißungsvoll.
Und wenn Sie mir nicht zu schreiben denken,
Dann soll ein verheißungsvoller Blick,
Den Sie im Vorübergehn mir schenken,
Bote sein von meinem größten Glück.

Aber wenn mein Herz zu kühn gewesen,
Wenn sich ihre Blicke wenden ab,
Werden Sie vielleicht im Tagblatt lesen,
Wo ein Lebensmüder fand sein Grab.
So, Sie kennen nun mein Liebesfeuer;
Winkt mir heitres, winkt mir düstres Los?
Meine Freude wäre ungeheuer;
Meine Schmerzen wären riesengroß.

'L.B.' unbekannte Angebetete Wedekinds.
' vulgo' lat., gewöhnlich so genannt.

40 BL: 11.
'R.M.' unbekannte Angebetete Wedekinds.

41 HL: D 539.
'Canapee' veralteter Begriff für Sofa.
'Fuge' kontrapunktischer Satz in der Musik, bei dem das Thema in allen Stimmen intoniert wird.
'Stanzen' Strophenform aus acht Versen mit wiederkehrenden Endreimen.
'Epos' großes erzählendes Gedicht mit ernstem, selten heiterem Inhalt.
'Jambe' griechischer Versfuß mit einer kurzen und einer langen Silbe.
'Trochäe' Versfuß mit einer langen und einer kurzen Silbe bzw. mit einer Hebung und einer Senkung.
'Sonett' strenge Form des lyrischen Gedichts von vierzehn gereimten Versen, meist gegliedert in zwei Vierzeiler und zwei Dreizeiler.
'Saffian' besonders feines Ziegenleder.
'Pathos' leidenschaftliche und zugleich feierliche Darstellungsweise.
'Olympos' Berg in Griechenland, zugleich sagenhafter Wohnsitz der griechischen Götter.

42 AK: B1, 22. Auch in den *Gesammelten Werken* Bd. 8, 30 erschienen.
'Oberon' eine Verserzählung in achtzeiligen freien Stanzen von Christoph Martin Wieland, erschienen 1780 in vierzehn Gesängen. Scherz, Frivolität und Ernst spielen im gleichnishaften Märchentraum kunstvoll ineinander. Das unzeitgemäße Ritterepos wird ironisiert und das erotische Moment in Komik aufgelöst. Gestaltungsmerkmale, die von Wedekind übernommen werden.
'Heines Gedichte' enthalten anfänglich gefühlsinnige und formvollendete Lieder, die von Schumann und Schubert vertont werden. Seine Entromantisierung ist bahnbrechend in der dt. Literatur. Bereits mit seinen *Reisebildern (1826)* wird er jedoch zum gottlosen Spötter, der das Christentum als Duckmäuserreligion bezeichnet, die zur Heuchelei verführt. Hier und in seinen frivolen Anspielungen im *Buch der Lieder* findet Wedekind seinen Ansatzpunkt. Auch er hat in seinem Werk dem falschen Gott den Kampf angesagt.
Am Rande des Gedichts vermerkt Wedekind: 'Oskar Perkeo'. Wenn er hier seinen Freund mit dem Zwerg Perkeo vom Hof des Kurfüsten zu Heidelberg vergleicht, ist dies ein deutlicher Hinweis auf dessen Trinkfreudigkeit.

43 AK: B3, 109. Auch in den *Gesammelten Werken* Bd. 8,42 erschienen.
Die hebräische Überschrift lautet: 'Liebe'.
'Misanthrop', Menschenfeind und Menschenhasser.

44 BL: 19.

45 AK: 7, Sammlung Nold Halder

46 Wedekind, Frank: Gesammelte Briefe. Hg. v. Fritz Strich. München: Müller, 1924, Bd. 1, 175.

47 Ebd., S. 177.

48 Kieser, Rolf: Benjamin Franklin Wedekind. Biographie einer Jugend. Zürich: Arche, 1990, S. 326.

49 Wedekind, Frank: Maggi-Zeit. Reklamen, Reiseberichte, Briefe. Hg. v. Rolf Kieser. Darmstadt: Häuser, 1995, (Pharus IV), S. 73.

50 Dreiseitel, Sigrid: Ich mache natürlich lebhaft Propaganda für Ihn. Zur Bedeutung Heinrich Heines für das Frühwerk und die literaturpolitischen Positionen Frank Wedekinds. Würzburg: Königshausen & Neumann, 2000, S. 78.

51 WM: Wedekind, Friedrich Wilhelm, Tagebuch in französischer Sprache, L 3476/46, S. 46.

52 Wedekind, Frank: Werke in drei Bänden. Hg. u. eingel. v. Manfred Hahn. Berlin: Aufbauverlag, 1969, S. 676.

53 AK: B6, Sig. Oskar Schibler.
Die 'Apokalypse' findet sich mit zahlreichen Änderungen unter dem Titel *Selbstzersetzung* in den *Gesammelten Werken* Bd.1, 76. Text wie folgt:

Hochheil'ge Gebete, die fromm ich gelernt,
Ich stellte sie frech an den Pranger;
Mein kindlicher Himmel, so herrlich besternt,
Ward wüsten Gelagen zum Anger.

Ich schalt meinen Gott einen schläfrigen Wicht;
Ich schlug ihm begeistert den Stempel
Heillosen Betrugs ins vergrämte Gesicht
Und wies ihn hinaus aus dem Tempel.

Da stand ich allein im erleuchteten Haus
Und ließ mir die Seele zerwühlen
Von grausiger Wonne, von wonnigem Graus;
Als Tier und als Gott mich zu fühlen.

Auch hab' ich, den mördrischen Kampf in der Brust,
Am Altar gelehnt, übernachtet,
Und hab' mir dem Gotte, zu Kurzweil und Lust,
Mich selber zum Opfer geschlachtet

54 AK: B1, 22.
In geänderter Form unter dem Titel *Erdgeist* in den *Gesammelten Werken* Bd.1, 120 erschienen. Hier wurde das Lied jedoch um acht Strophen gekürzt, so dass bei den drei verbleibenden Strophen nur 1/1 und 2/5 mit dem Gedicht *Mahnung* Parallelen zeigen:

Greife wacker nach der Sünde;
Aus der Sünde wächst Genuß.
Ach, du gleichest einem Kinde;
Dem man alles zeigen muß.

Meide nicht die ird'schen Schätze;
Wo sie liegen, nimm sie mit.
Hat die Welt doch nur Gesetze,
Daß man sie mit Füßen tritt.
Glücklich, wer geschickt und heiter
Über frische Gräber hopst.
Tanzend auf der Galgenleiter
Hat sich keiner noch gemopst.

55 AK: B3, 69.
'Also sprach Zarathustra' (1883/91) Hauptwerk des Philosophen Friedrich Wilhelm Nietzsche, der von Schopenhauer, Wagner und dem Positivismus beeinflusst wurde. Nietzsche gilt als typischer Vertreter des aristokratischen Individualismus, der unter Anlehnung an den Darwinismus den 'Willen zur Macht' als wichtigstes Kriterium erkennt und den 'Übermenschen' auszeichnet. Bedingt durch den Kontakt mit seiner 'philosophischen Tante' beschäftigt sich Wedekind eingehend mit Nietzsche und lässt dessen Gedankengut in sein Werk einfließen.

56 AK: B6, Sig. Oskar Schibler.

57 GW: 8, 51.

58 Vgl. Haemmerli-Marti, Sophie: Mis Aargäu. Aarau: Sauerländer, o.J. [1939], S. 136.

59 AK: Nachlass Haemmerli-Marti.

60 BL: D 533.

61 WM: Der Ursprung für das Regenbogenmotiv, das er in seinem dramatischen Fragment *Das Sonnenspektrum* (1894) verwendet, dürfte hier seinen Ursprung haben. Wenn die Freudenmädchen in diesem Dramenfragment regenbogenfarbige Kleider tragen, bezieht sich seine 'Farbenlehre' jedoch auf erotische Kategorien.

62 HL: D 531.

63 AK: Sig. Oskar Schibler.

64 BL: 3.
'Ode' begeisterter dichterischer Ausdruck ernster Gedanken und Gefühle in reimlosen Versen. Wenn Wedekind als eingefleischter Atheist immer wieder vom 'Himmelreich' spricht, bedeutet dies nicht eine Änderung seiner Einstellung zum Christentum, sondern ist doppel- und mehrdeutig zu verstehen um zu verfremden und zu provozieren. Er liebt ironische Persiflagen und Paradoxien, so dass die Grenze zwischen Ernst und Spaß kaum zu ziehen ist. Somit ist sein Spaß meist tödlicher Ernst.

65 BL: 14.
'Bickel, Gustav' Schweizer Dichter mit unbedeutendem lyrischem Werk.

66 BL: 15. Auch in den *Gesammelten Werken* Bd. 8, 19 erschienen .
Eduard von Hartmann (1842-1902) war ein vielseitiger Schriftsteller und Philosoph, der in seinen Werken alle Lebens- und Wissensgebiete in ein bestimmtes System einordnet. Anknüpfend an Schellings positive Philosophie strebt er eine Synthese zwischen Schopenhauer und Hegel an. Dabei versucht er eine Verbindung zwischen dem Pessimismus und dem Optimismus herzustellen. Sein transzendentaler Realismus basiert auf der Erkenntnistheorie. Wedekind, der anfänglich von der Strömung des Pessimismus beeinflusst ist, setzt sich hier mit der Theorie Eduard von Hartmanns auseinander. Am Ende des Gedichts zieht er eine negative Bilanz, wenn er schreibt, 'und zeigt sich endlich dann der Tod, so sei er herzlich mir willkommen.'

67 AK: Nachlass Sophie Haemmerli-Marti.

68 Der Briefwechsel zwischen Franklin Wedekind und Oskar Schibler liegt in den Archiven Aarau und München vor und ist erschienen in: Frank Wedekind. Texte, Interviews, Studien. Kein Funke mehr, kein Stern aus früh'rer Welt. Hg. v. Elke Austermühl, Alfred Kessler und Hartmut Vinçon. Darmstadt: Verlag der Georg Büchner Buchhandlung, 1989 (Pharus I), S. 316 - 342.

69 AK: B2, 48. Auch in den *Gesammelten Werken* Bd. 8, 27 erschienen.

70 AK: B2, 45.

71 Frank Wedekind: Gesammelte Briefe. Hg. v. Fritz Strich. München: Müller, 1924, Bd. 1, S. 33.

72 'Amicus Helvetiae philosophicae' lat. er wird 'zum Freund der Schweizer Philosophen' ernannt.

73 Vgl. Kieser, Rolf: Benjamin Franklin Wedekind. Biographie einer Jugend. Zürich. Arche, 1990, 146 ff.

74 AK: B2, 44.
Dieses Gedicht ist ein deutliches Beispiel für den Pessimismus und Weltschmerz des Autors.
Der gestrichene Teil ist identisch mit der letzten Strophe von 'Jubilate'.

75 AK: B2, 44.
'Epitaphium' Totengedenktafel.
Wedekind beendet das Gedicht, wie seine Vorläufer aus der Volksstücktradition mit einer 'Lehre'. Diese Schlussformel findet sich in zahlreichen seiner Bänkellieder.

76 BL: 16. Auch in den *Gesammelten Werken* Bd. 8, 20 erschienen.

77 AK: B3, 103.
'Haranguieren' eine feierliche Ansprache an das Publikum halten.

78 AK: B2, 44. Das Gedicht ist im Winter 1882/83 entstanden und in den *Gesammelten Werken* Bd. 8, 29 erschienen.
'Weltschmerzler' eine von Jean Paul (Joh. Paul Richter 1762-1807) geprägte Form pessimistischen Lebensgefühls, die aus einem Bewusstsein der Unangemessenheit der äußeren Wirklichkeit zu den persönlichen Ansprüchen und Bedürfnissen erwächst.

79 AK: B2, 44. Das Gedicht wurde im Winter 1882/83 geschrieben und ist in den *Gesammelten Werken* Bd. 8, 28 erschienen.
Über dem Gedicht befindet sich ein Zitat von Horaz: 'Odi profanum vulgus et arceo' lat.
Ich hasse die Menge, die den Musen abhold ist und von Kunst nichts versteht.

80 AK: B6, Sig. Oskar Schibler.
Franklin hat das Gedicht, mit einem lat. Zitat, seinem Freund Oskar Schibler gewidmet.
'Oda sacrata amico, condiscipuloque, compotorique Hildebrand, in summa amicitia a Katere' lat. die dem Freund, Mitschüler und Zechbruder Hildebrand geweihte Ode in höchster Freundschaft von Kater.
Mit 'Kater' bezeichnet sich Wedekind selbst, während er seinen Freund Oskar Schibler 'Hildebrand' nennt.
'Vulgo' gemeinhin, gewöhnlich.
'Ode' begeisterter dichterischer Ausdruck ernster Gedanken und Gefühle in reimlosen Versen.
Die damals üblichen Schülerverbindungen hatten ihr Brauchtum von den Studentenverbindungen übernommen und trugen Band und Mütze. Bei der beschriebenen Kneipe handelt es sich um eine studentische Feier mit Wort, Trunk und Gesang nach bestimmten Regeln.
'caressiren' sinngleich mit 'um den Bart gehen'.
'cantiren' singen, abgeleitet von lat. cantus, der Gesang.
Unter dem 'Dreibatzigen versteht man im schweizerischen Volksmund ein größeres Trinkgefäss, das 3 Batzen (12 Kreuzer) kostete.
'tribuliren' quälen oder plagen.
'refüsiren' zurückweisen, verweigern.
Das Gedicht liegt in einer zweiten Fassung im Burghaldemuseum vor.

81 BL: 18.
'Caro amico Hildebrand' lat. seinem lieben Freund Hildebrand
'frater' lat. Bruder
'Armin' ist der ältere Bruder Frank Wedekinds, der in Zürich Medizin studiert und sich später dort als praktischer Arzt nieder lässt. Er wird sich im Laufe seines Lebens völlig von Franklin distanzieren und wünscht sich, dass der Bruder nie gelebt hätte, da er durch dessen dichterisches Schaffen berufliche Nachteile hat und angefeindet wird.

82 BL: 10.
Das Kinderepos *Hänseken* ist in den *Gesammelten Werken* Bd. 8, 7 erschienen und liegt im Original, jedoch ohne Illustrationen des Bruders Armin, im Burghaldemuseum Lenzburg.

83 HL: D 497, Titelbild der Originalausgabe.

84 AK: B3, 94. Auch in den *Gesammelten Werken* Bd. 8, 44 erschienen. Die zitierte „hohe dunkle Gartenpforte" bezieht sich auf das Haus der Apotheker-Witwe Bertha Jahn.

85 Vgl. WM: L 3501.

86 AK: B2, 54.
Auch in den *Gesammelten Werken* Bd. 8, 42 mit dem Titel: 'Meiner Mutter', erschienen.

87 AK: B3, 94.
Die Transliteration der hebräischen Initialen auf dem Deckblatt lautet: 'Frank Wedekind'.

88 AK: B6, Sig. Oskar Schibler.

89 GW: 1, 95.

90 AK: B1, 22. Memorabilia.
Auch in den *Gesammelten Werken* Bd.1, 27 unter dem Titel *Francisca* erschienen.

91 Vgl. Wedekind, Frank: Gesammelte Briefe. Hg. v. Fritz Strich. München: Müller, 1924. Bd. 1, S. 348 ff. Hier wird der Eindruck erweckt, dass Franklin den Briefwechsel mit Bertha Jahn bereits im Mai 1886 abgebrochen hat. Aus den Briefen in der Aargauischen Kantonsbibliothek und dem Wedekind-Archiv München geht jedoch eindeutig hervor, dass Bertha Jahn den Kontakt mit Franklin bis September 1887 immer wieder gesucht hat und er erst danach endgültig abbrach.

92 AK: B VI, Sig. Oskar Schibler

93 Vgl. Kieser, Rolf: Benjamin Franklin Wedekind. Biographie einer Jugend. Zürich. Arche, 1990, S.229

94 Vgl. Ebd. 207 ff.

95 Wedekind, Frank: Die Tagebücher. Ein erotisches Leben. Hg. v. Gerhard Hay. Frankfurt a.M.: Athenäum, 1986, S. 22.

96 Ebd. S. 30.

97 Ebd. S. 13.

98 GW: 1, 58.

99 Austermühl, Elke. Eine Lenzburger Jugendfreundschaft. Der Briefwechsel zwischen Frank Wedekind und Minna von Greyerz. In: Frank Wedekind. Texte, Interviews, Studien. Hg. v. Elke Austermühl, Alfred Kessler und Hartmut Vinçon. Darmstadt: Verlag der Georg Büchner Buchhandlung, 1989, (Pharus I), S. 343-420.

100 Vgl. Wedekind, Frank: Die Tagebücher. Ein erotisches Leben. Hg. v. Gerhard Hay. Frankfurt a.M.: Athenäum 1986, S. 21-32.

101 Vgl. Kieser, Rolf: Benjamin Franklin Wedekind. Biographie einer Jugend. Zürich. Arche, 1990, S. 230 ff.

102 AK: B5, Nachträge k, 53.
Als Empfänger der Gedichtsammlung vom Sommer 1887wird im Mittelpunkt des Titelblattes in hebräischen Schriftzeichen 'Christine Rotgang' genannt. Eine Verehrerin, die weder seinem Bekanntenkreis zugeordnet werden kann noch als Pseudonym bekannt ist.

103 AK: B6, Sig. Oskar Schibler
Dieses Gedicht liegt in einer zweiten Fassung unter B2, 43 in der Aargauischen Kantonsbibliothek vor.
Die auf Selbstbeherrschung und geistiger Selbstzucht beruhende Haltung der 'Stoiker' steht in krassem Widerspruch zu der Lehre des griechischen Philosophen Epikur, dessen Anhänger sich, vereinfacht dargestellt, auch als 'Genussmenschen' bezeichnen lassen. Ein Begriff, den Wedekind in seinen späteren Dramen häufig verwendet.
'Sylphiden' Luftgeister.
'Pegasus' das geflügelte Musenross aus der griechischen Sage.

'Lethe' ein Vergessenheitstrank, der entsprechend der griechischen Sage nach einem Fluss in der Unterwelt benannt ist.
'Baum der Erkenntnis' bezieht sich auf den Baum des Paradieses mit Adam und Eva.

104 AK: B3, 113

105 AK: B3, 114
Jomam wa lajla, hebräisch: 'bei Tag und bei Nacht'

106 AK: B3, 98.
Zur Bekräftigung ist unter jeder Strophe in hebräischer Schrift vermerkt: Jomam wa lajla: 'bei Tag und bei Nacht'
Die Bierbrauerei 'Siebenmann' in Aarau war die Konstante der Schülerverbindung 'Industria', in der die regelmäßigen Kneipabende stattfanden. 'Industria' selbst war eine Tochterverbindung der Baseler Studentenverbindung 'Jurasia', die alljährlich bis Mitte der achtziger Jahre einen Kneipabend in den gleichen Räumlichkeiten in Lenzburg abhielt. Leider ist, wie Zeitzeugen berichten, das Gästebuch mit zahlreichen Spontangedichten Wedekinds bei einer der letzten Veranstaltungen abhanden gekommen.
Wenn Franklin Bertha als 'Biernymphe' bezeichnet, bedeutet dies, dass er sie als Naturgottheit verehrt, die nicht nur über Bäume, Berge und das Meer, sondern auch über das Bier, das Getränk der Verbindungsstudenten, gebietet.
Die 2. Strophe dieses Gedichts mit der 9. Strophe des Gedichts 'Erika' identisch.

107 AK: B3, 105.
Die Transliteration der hebräischen Schriftzeichen bedeutet: 'Tante Jahn'.
Eine zweite im Archiv Aarau vorliegende Fassung trägt das Datum vom 16.IX.1884.

108 AK: B3, 100.

109 AK: B3, 118.
Die hebräische Überschrift lautet 'an mich', die verschlüsselte Unterschrift 'Erika'.
Als ursprünglicher Verfasser dieses Gedichtes dürfte demnach Bertha Jahn gelten.

110 AK: B3, 116.
'Sprich reuevoll: peccari mater!' lat.: Lass uns sündigen, Mutter!
Es ist möglich, dass im Manuskript ein Schreibfehler vorliegt und der Text lauten sollte: 'peccav mater!' In diesem Falle würde die Übersetzung lauten: Ich habe gesündigt, Mutter!
Auf der Rückseite des ersten Liedes stoßen wir auf den Vermerk: E[rika] 23.IX.1884.
Bei dem dritten Lied findet sich an der gleichen Stelle die Signatur: E[rika] 25.IX.1884.

111 AK: B3, 95.

112 AK: B3, 117.

113 AK: B3, 124.
Wie die Unterschrift belegt, stammt auch dieses Gedicht aus der Feder von Bertha Jahn.

114 AK: B5, Nachträge k.
'Stanzen' Strophenform aus acht Versen mit wiederkehrenden Endreimen.
'Philister' Spießbürger, kleinliche Menschen.
'Sonette' die strenge Form des lyrischen Gedichts mit 14 gereimten Versen, meist gegliedert in zwei Vierzeiler und zwei Dreizeiler.
'Hertha' auch Nerthus genannt, war eine altgermanische Flurgöttin, die als 'Mutter Erde' an der Ostsee verehrt wurde. In dem ihr geweihten Hain wurde sie bzw. ihr Bild samt ihrem Wagen in der See gebadet. Die dabei dienenden Sklaven wurden nach vollendeter Handlung ertränkt.
'Patschen' tätscheln.
'Aphrodite' griechische Göttin der Liebe.
'Phöbus', auch der Glänzende genannt. Beiname des griechischen Gottes Apollo.
'Amor', der Gott der Liebe wird meist als geflügelter Knabe mit Pfeil und Bogen dargestellt.
'Venus' römische Liebesgöttin.
'pexieren', pekzieren, eine Dummheit begehen.

115 AK: B3, 123.

116 AK: B3, 128
Der Text der beiden ersten Strophen ist in den *Gesammelten Werken* Bd. 1, S.75 erschienen. Er ist dort, wie folgt geändert:
Hüpfe nicht mit nacktem Fuße
In den tollen Gischt hinein;
Stürz dich in das Meer der Buße,
Wasch dir deine Seele rein.

Badst du doch an diesen Küsten
Deinen Busen marmorweiß,
Nur um dich damit zu brüsten
Abends im Bekanntenkreis.

117 AK: B3, 110
118 HL: D 537.
Auf der Zeichnung ist Franklin und seine hübsche Cousine Minna von Greyerz mit ihrem Lockenkopf zu erkennen.
119 HL: D 541.
'Parnass' den Musen geweihtes heiliges Gebirge in Griechenland. Zugleich Sitz der Dichter.
120 AK: B3, 119.
Die hebräische Überschrift lautet: 'Lenz' im Sinne von Frühling.
121 HL: D 536.
Auf der Zeichnung ist das Haus Burghalde, das Elternhaus von Minna von Greyerz, zu erkennen.
122 HL: D 540.
123 GW: 8, 59.
'Kortum', Karl Arnold (1745-1824) war der Verfasser der damals viel gelesenen 'Jobsiade', des einzigen deutschen Heldengedichts in Knittelversen.
'Job' angefeindeter Held des alttest. Buches Job. In Form von Lehrgedichten wird hier die Frage aufgeworfen, warum der Gerechte leiden müsse.
'Theologicae candidatus' lat. Student der Theologie.
124 GW: 8, 123.
'Abisag von Sunem' zitiert aus dem 1. Buch der Könige 1-4.
Der Bruder König Salomos machte nicht nur seine Ansprüche auf das Königreich geltend, sondern wollte auch 'Abisag von Sunem' zum Weibe, was er mit dem Leben bezahlen musste.
125 Wedekind, Frank: Gesammelte Briefe. Hg. v. Fritz Strich. München: Müller, 1924. Bd.2, S. 19.
126 Wedekind, Frank: Lautenlieder. Berlin: Dreimaskenverlag, 1920, S. 61.
'Kiautschau' ein deutsches Pachtgebiet in China und als sog. Kaiser-Wilhelm-Land bekannt.
127 GW: 8, 137.
Um unerkannt zu bleiben, unterzeichnet Wedekind mit dem Pseudonym 'Benjamin'.
128 Wedekind, Frank: Die Tagebücher. Ein erotisches Leben. Hg. v. Gerhard Hay. Frankfurt a.M.: Athenäum 1986, S.27.
129 GW: 8, 139.
'Müller von Bückeburg' Pseudonym Wedekinds.
130 Vgl. Gumppenberg, Hanns von: Lebenserinnerungen. Aus dem Nachlass des Dichters. Zürich, Berlin: Eigenbrödler, o.J. [1929] S. 282.
131 Greul, Heinz: Bretter, die die Zeit bedeuten. Die Kulturgeschichte des Kabaretts. Köln und Berlin: Kiepenheuer & Witsch, 1967, S.142-143.
132 GW: 1, 25.
133 GW: 1, 107.
134 GW: 1, 45

135 Forcht, Georg: Die Medialität des Theaters bei Frank Wedekind. Herbolzheim: Centaurus, 2005, S. 39.

136 GW: 1,89-92

137 Forcht, Georg: Die Medialität des Theaters bei Frank Wedekind. Herbolzheim: Centaurus, 2005, S. 217.

138 WM: L 3485, 1.

139 Knobloch, Ursula Marianne: Die Spekulation als Drahtseilakt. Vitalität und Kommerz im Werk Frank Wedekinds. Phil. Diss. Würzburg, 1993, S. S.394.

140 WM: L 3485, 21.

141 GW: 1, 98.
'Göller' im schweizerischen Volksmund Kragen.

142 Vgl. Kutscher, Artur: Frank Wedekind. Sein Leben und seine Werke. München: Müller, 1922, Bd. 1, S.101-109.

143 Vgl. Weißbrodt, Karl: Die eheliche Pflicht. Ein ärztlicher Führer aus Uromas Zeiten. Reprint von 1869. Königswinter, Heel, 2005, S.65-75.

144 Brandenburg, Hans: München leuchtete. Jugenderinnerungen. München: Neuner, 1953, S. 223.

145 AK: B2, 52. Auch in den *Gesammelten Werken* Bd. 8, 167 erschienen.

146 AK: B2, 52. Auch in den *Gesammelten Werken* Bd. 8, 168 erschienen.

147 AK: B2, 52. Auch in den *Gesammelten Werken* Bd. 8, 167 erschienen.

148 AK: B2, 52. Auch in den *Gesammelten Werken* Bd. 8, 167 erschienen.
'Helfferich, Karl' leitete seit 1915 als Staatssekretär des Reichsschatzamtes die Finanzpolitik während des Ersten Weltkriegs. Im Mai 1916 übernahm er das Reichsamt des Innern und wurde Stellvertreter des Reichskanzlers.

149 GW: 8, 52.

150 AK: B2, 32. Auch in den *Gesammelten Werken* Bd. 8, 162 erschienen.
Auf der Seite mit der Notation vermerkt Wedekind: Ella Belling nach der bekannten Melodie.
Eins zwei drei vier fünf sechs. Heinz Herald Schumannstraße 14 Berlin.
Mit schönstem Dank Aufruf. Unterzeichnet durch Eilbrief. Zurück geschickt.
Beste Grüße Frank Wedekind.
Heinz Herald leitete bis 1925 die Herausgabe der Blätter des Deutschen Theaters in Berlin.
Als Dramaturg, Drehbuch- und Filmautor war er ein wichtiger Kritiker für Wedekinds Lyrik, dem er gerne seine Balladen und Bänkellieder zuschickte.

151 AK: B2, 44.

152 AK: B3, 99. Auch in den *Gesammelten Werken* Bd. 8, 54 erschienen.
Die 'Goldene Hundertzehn' war ein Berliner Kaufhaus um die Jahrhundertwende.

153 Vgl. Seehaus, Günter: Frank Wedekind und das Theater. München: Laokoon, 1964, S. 712-736.

Dank

Danken möchte ich meiner Frau Dorothea für die zahlreichen Impulse und kritischen Diskussionen, die ich im Rahmen dieser Arbeit durch sie erfahren habe.

Meine besondere Anerkennung gilt dem Fotografen Herrn Nikola Haubner, der in mühevoller Detailarbeit die ausgewählten Manuskripte und Fotos vor Ort digitalisierte. Ohne seine fachliche Kompetenz hätte der vorliegende Band in dieser Form nicht erscheinen können.

Herr Thilo Hennrich war ein unermüdlicher und sachkundiger Mitarbeiter bei der Bildbearbeitung, der Seitengestaltung und der Anfertigung der reproreifen Druckvorlage.

Verbunden fühle ich mich den Damen und Herren aus den Archiven und Bibliotheken. Stellvertretend für alle seien hier die Kantonsbibliothekarin Frau Dr. Wüst von der Kantonsbibliothek Aarau, Frau Dr. Ball vom Historischen Museum Schloss Lenzburg, Herr Huber vom Burghaldemuseum Lenzburg und Herr Schmitter vom Monacensia Literaturarchiv München genannt.

Lambsheim, im Juli 2006 — Georg W. Forcht

UNSERE BUCHTIPPS

Georg W. Forcht

Die Medialität des Theaters bei Frank Wedekind

Eine medientheoretische Untersuchung
über den Einfluss des Bänkelsängers
und Schauspielers Frank Wedekind
auf sein Werk

Reihe Sprachwissenschaft, Band 37, 2005, 248 Seiten,
ISBN 3-8255-0529-4 / ab 1.1.2007: 978-3-8255-0529-5
24,50 € / 42,90 sFr

Frank Wedekind – Licht und Irrlicht der Münchner Kultur um die Wendezeit zum 20. Jahrhundert – heute ein Klassiker der Moderne.

Der relativ frühe Tod des Autors, seine provokativen und avantgardistischen Themen und die daraus erwachsenen Konflikte mit Zensur und Öffentlichkeit bis hin zu der berühmten Gefängnisstrafe wegen Majestätsbeleidigung sind dafür verantwortlich, dass die frühe Forschung diesen Autor als enfant terribile gemieden hat. Wedekind überschreitet zudem als Regisseur seiner eigenen Stücke, als Schauspieler und Kabarettist die traditionellen Rollenzuschreibungen an einen Dichter, so dass seine Reputation von Beginn an in einem dubiosen Zwielicht erscheint.

Diese Arbeit wendet sich der Analyse des Werks mit Hilfe feministischer und psychoanalytischer Modelle zu, so dass eine interessante und produktive Mischung aus philologischer Praxis und analytischer Innovation entstanden ist, die wegweisende Pespektiven aufreißen kann. Der Band ruht auf äußerst umfassenden Quellenstudien, die der Verfasser in Archiven in drei Ländern angestellt hat.

UNSERE BUCHTIPPS

Fleischmann, Uta (Hg.)
Wir werden es schon zuwege bringen, das Leben.
Annemarie Schwarzenbach an Erika und Klaus Mann.
Briefe 1930 – 1942
3. Auflage 2001, 262 S., ISBN 978-3-8255-0226-3, 20,35 €

Ilgner, Richard
Das Geschäft der Lemuren: der Tod des Schöpferischen.
Literatur in der Diskussion, Bd. 4, 2005, 96 S., ISBN 978-3-8255-0447-2, 17,90 €

Kanz, Christine
Angst und Geschlechterdifferenzen. Ingeborg Bachmanns „Todesarten-Projekt in Kontexten der Gegenwartsliteratur
Thetis – Literatur im Spiegel der Geschlechter, Bd. 12, 2. Auflage 2007, ca. 300 S., ISBN 3-8255-0651-7 / 978-3-8255-0651-3, ca. 25,– €

Kühn-Leitz, Cornelia
Theater – Spiel und Wirklichkeit. Auf deutschen Bühnen und in fremden Ländern
Lebensformen, B. 22, 2007, ca. 160 S., Abb., ISBN 3-8255-0461-1 / 978-3-8255-0461-8, ca. 20,– €

Nieberle, Sigrid
FrauenMusikLiteratur. Deutschsprachige Schriftstellerinnen im 19. Jahrhundert
Beiträge zur Kultur- und Sozialgeschichte der Musik, Band 4, 2. verbesserte Auflage 2002, 274 S., ISBN 978-3-8255-0371-0, 24,90 €

Treusch-Dieter, Gerburg
Die Heilige Hochzeit. Studien zur Totenbraut
Schnittpunkt*Zivilisationsprozeß, Band 23, 2. Auflage 2001, 251 S., ISBN 978-3-89085-853-1, 19,43 €

Willems, Elvira
Annemarie Schwarzenbach. Autorin – Reisende – Fotografin
2. Auflage 2001, 260 S., 29 Abb., ISBN 978-3-8255-0246-1, 20,35 €

Besuchen Sie unsere Internetseite!

www.centaurus-verlag.de

GPSR Compliance
The European Union's (EU) General Product Safety Regulation (GPSR) is a set of rules that requires consumer products to be safe and our obligations to ensure this.

If you have any concerns about our products, you can contact us on

ProductSafety@springernature.com

In case Publisher is established outside the EU, the EU authorized representative is:

Springer Nature Customer Service Center GmbH
Europaplatz 3
69115 Heidelberg, Germany

www.ingramcontent.com/pod-product-compliance
Lightning Source LLC
Chambersburg PA
CBHW031518100426
42873CB00013B/116
* 9 7 8 3 8 2 5 5 0 6 5 9 9 *